A presunção da inocência no julgamento em processo penal – Alguns problemas

A presunção da inocência no julgamento em processo penal – Alguns problemas

2019 · Reimpressão

Rui Patrício

ALMEDINA

A PRESUNÇÃO DA INOCÊNCIA NO JULGAMENTO EM PROCESSO PENAL – ALGUNS PROBLEMAS

AUTOR
Rui Patrício

EDITOR
EDIÇÕES ALMEDINA, S.A.
Rua Fernandes Tomás, n.os 76-80
3000-167 Coimbra
Tel.: 239 851 904 · Fax: 239 851 901
www.almedina.net · editora@almedina.net

DESIGN DE CAPA
Morais Leitão

PRÉ-IMPRESSÃO
EDIÇÕES ALMEDINA, S.A.

IMPRESSÃO E ACABAMENTO
PAPELMUNDE

Março, 2019

DEPÓSITO LEGAL
452152/19

ALMEDINA | GRUPOALMEDINA

BIBLIOTECA NACIONAL DE PORTUGAL – CATALOGAÇÃO NA PUBLICAÇÃO
PATRÍCIO, Rui, 1932-
A PRESUNÇÃO DA INOCÊNCIA NO JULGAMENTO
EM PROCESSO PENAL – ALGUNS PROBLEMAS – (MLGTS)
ISBN 978-972-40-7850-2
CDU 343

David Hockney, *Man Running Towards a Bit of Blue*, 1963

"*Man Running Towards a Bit of Blue*"
(à guisa de introdução)

Se cada um de nós é verdadeiramente um palimpsesto, então o que escrevemos também, ou mais ainda, o será. Cada um de nós é escrito sobre o que nos antecedeu, o tempo raspa e apaga (pelo menos à superfície) e escreve-nos sobre o que estava antes, reutiliza o suporte da escrita. Cada um de nós assenta em sucessivas camadas, que vão sendo escritas sobre o mesmo pergaminho. Mas não somos nunca uma palavra, uma oração, uma frase ou um simples ponto inteiramente novos, isso não somos, e não é só porque a arte do palimpsesto não apaga totalmente o que antes estava escrito, é também, e sobretudo, porque o que se escreve de novo é fruto da aprendizagem que vem de tudo quanto antes se escreveu. Logo, é sempre de reescrita que se trata. E a vida de cada um de nós assim é também, e nela igualmente assim é o que escrevemos – quando somos dados a escrever.

Pois bem, no palimpsesto da minha vida e da minha escrita, há muito que me apetecia regressar ao tema da presunção da inocência. Há mais de 20 anos, foi tema que estudei e sobre o qual escrevi. Depois, o escrito que daí saiu serviu para concorrer a assistente estagiário na Faculdade de Direito da Universidade de Lisboa e foi publicado pela AAFDL (e depois mais do que uma vez reimpresso pela mesma) – à qual, aliás, agradeço muito ter-me aceitado e publicado nesses anos juvenis, e ter-me acarinhado depois. Tinha por título *O princípio da presunção de inocência do arguido na fase do julgamento no actual processo penal português*, e disseram-me, há uns meses, que se encontrava esgotado. Essa notícia juntou-se à vontade de voltar ao tema que de vez em quando me assaltava.

E dois outros eventos ocorridos no último quartel do ano de 2018 contribuíram decisivamente para que aquela notícia e aquela vontade me tenham trazido até aqui (pelo menos conscientemente, já que inconscientemente nunca sabemos que águas correm e levam às decisões): numa conferência no Porto, um parceiro de debate, colega advogado que muito considero e estimo, meio a brincar meio a sério (embora me tenha parecido que a fatia de seriedade era superior à fatia de brincadeira/provocação), sugeriu que se eliminasse dos textos normativos a presunção da inocência, pelo menos "porque ela não existe"; por outro lado, numa conferência em Ponta Delgada, fui convidado a falar sobre a intervenção da defesa no âmbito da criminalidade económico-financeira, e dei por mim, nessa ocasião, a comunicar, em síntese, o que há muito penso, ou seja, que o Processo Penal entre nós tem perdido garantias, tem caminhado no sentido de alguma "musculação" e que a defesa enfrenta, pelo menos, cinco grandes desafios (quando não mesmo ameaças), que então sintetizei (numa espécie de "Pentateuco" do Processo Penal de hoje, ou pelo menos de muitos processos penais) como *(i)* trabalho e tempo, *(ii)* gestão estratégica, *(iii)* multidisciplinariedade e cooperação, *(iv)* uso e abuso da prova indireta, e exercícios e obrigações de inteligência e *(v)* exposição pública, em si mesma e na sua possível influência intraprocessual.

É óbvio que a presunção da inocência não existe, no sentido, digamos, ontológico ou gnoseológico, se quisermos, pois quem é suspeito, ou arguido, ou acusado, ou pronunciado ou condenado sem trânsito em julgado tende a ser, pelos seus pares, e em regra, presumido culpado. É essa "a natureza das coisas", pelo que, realmente, a presunção da inocência é *contra-natura*. E tanto mais quanto mais se trate de um processo com ressonância na comunidade, seja na "pequena" comunidade, seja na "grande" comunidade, em especial quando o processo "vai nas asas" da mediatização e passa a viver em dois planos – o do processo e o da esfera pública. E quanto mais avança e mais dele se fala, menos presunção da inocência. E quanto mais conhecida ou reconhecida a pessoa objeto da suspeita, mais assim é – e é por múltiplas e complexas razões, que justificariam vários e muitos escritos, e que aqui não quero nem posso abordar[1]. Mas é assim, sempre foi (creio poder dizê-lo,

[1] Igualmente não é este o momento nem o local para abordar os efeitos que a mediatização dos processos, tal como o chamado "*trial by newspaper*", pode ter na vida das pessoas, que sempre tem, maior ou menor, podendo chegar a pontos como os que Heinrich Böll descreveu em *A honra perdida de Katharina Blum*, que deveria ser livro de cabeceira, pelo menos, de todos os jornalistas – HEINRICH BÖLL, *A honra perdida de Katharina Blum*, 2.ª ed., Lisboa, Publicações

com base no que estudei e no que o tempo me ensinou sobre a vida), e é isso que testemunho todos os dias, e é também isso que tenho visto ao longo de quase 25 anos de prática de advogado e de atenção a estas coisas dos processos penais.

Ora, mas é precisamente por ser assim que precisamos da presunção da inocência, enquanto comando normativo. E um comando normativo forte e claro. E dirigido ao legislador e ao intérprete-aplicador da Lei, mas também à comunidade em geral. Porque só assim, junto com outro conjunto essencial de garantias, podemos falar realmente em processo, e não num simples procedimento ou mero encadeamento de atos destinado a reconhecer culpas e a aplicar sanções. Jorge de Sena, numa novela que pode ser, entre o mais, um magnífico ensaio de processo penal, *O Físico Prodigioso*, mostra como para culpar e punir não é preciso nenhum processo, basta um arremedo de formalidades e depois uma decisão rápida e definitiva de encerramento na gafaria (e pior), por vontade dos inquisidores que protagonizam a segunda parte do livro[2]. Mas isso não é um processo e não é o Processo.

Um processo, verdadeiro e próprio, serve para apurar se há culpa ou não, e culpa provada de uma certa forma, assegurando, sobretudo, a garantia da defesa e a dignidade de quem, até à conclusão do mesmo, permanece num estado de indefinição e com a sua esfera de direitos e liberdades sob ameaça e restringida. E, ademais, essa pessoa (o imputado, expressão que prefiro a qualquer outra) enfrenta o aparelho e o exercício do poder do Estado, num confronto que é natural e fortemente desequilibrado, em seu desfavor. Numa expressão célebre, um autor disse que, se o Direito Penal é a cartilha da defesa da sociedade, o Processo Penal é a cartilha da defesa do imputado. E disse-o muitíssimo bem, de tal forma que invejo (primeiro pecado capital que aqui confesso) o dito, e gostaria de ter sido eu a dizê-lo. Limito-me a repetir, uma e muitas vezes, e a usar um escrito literário, desta feita de Marguerite Duras, para dizer que podemos ver um verdadeiro processo penal como *Uma barragem contra o Pacífico*[3], que, sendo necessário, deve ser recons-

Europa-América, 1980 (trad. de Maria Helena Rodrigues Carvalho, de *Die verlorene Ehre Katharina Blum*, Colónia, Verlag Kiepenheuer & Wish, 1974).

[2] Jorge de Sena, *O Físico Prodigioso*, 8.ª ed., Lisboa, ASA Editores, 2001, pp. 77 e ss.

[3] Marguerite Duras, *Uma barragem contra o Pacífico*, Lisboa, Difel, 1988 (trad. de Carlos Leite, de *Un barrage contre le Pacifique*, Paris, Editions Gallimard, 1950).

truído ou reforçado uma e outra vez, como fazia a mãe do livro para proteger o cultivo que lhe dava sustento e à sua família.

Aqui as águas não são as do Pacífico nas costas da Indochina, são as águas – que aqui e ali vamos vendo conquistando terreno – de esquecimento do que é realmente o processo e para que serve, e de esquecimento – potencialmente trágico – de que o imputado não é um objeto, mas sim um sujeito, um sujeito que mantém a sua dignidade, que deve poder defender-se com todas as garantias, onde avultam o direito à informação, a igualdade de armas e o contraditório, que tem direito à estratégia, que não pode ser usado como objeto de prova, que deve ser investigado e imputado com equidade e *fairness*, que deve conhecer decisões devidamente fundamentadas, *et cetera*. E que, por sobre tudo, tem de ser presumido, em todas as esferas, como aquilo que verdadeiramente é até que o processo, cumpridas todas as suas estações, conclua e prove que ele é culpado. Até porque, além do mais, essa presunção é uma condição de efetiva defesa e de real dignidade, mas é também, especialmente através de alguns dos seus corolários, um meio de atenuar o desequilíbrio em que se joga o confronto entre o imputado e o aparelho e o poder do Estado.

Donde, a presunção da inocência é fundamental, e não compreender e defender isso é, salvo melhor opinião, não compreender e não defender o Processo Penal, alienando séculos de evolução e de conquista cívica (e verdadeiramente de civilização). E ainda mais quando, como hoje, entre nós, se vem caminhando no sentido, por um lado, da erosão das garantias, quer na Lei quer na Jurisprudência (e por vezes com suporte na Doutrina), e, por outro lado, se conhece um importante e intenso fenómeno paralelo ao processo (mas umbilicalmente ligado a ele e que o pode influenciar – sim, que o pode influenciar, desculpem-me mencionar um tabu), fenómeno esse que é a exposição pública, *maxime* a mediatização, de certos processos.

E, quanto a este, julgo que não preciso de desenvolver muito neste texto introdutório ao que agora (re)publico, pois a coisa é tão notória (atrevo-me a dizer), que, como qualquer jurista aceitaria, não carece de alegação nem de prova. Se estiver enganado, ou cego por alguma eventual "gula garantística" (segundo pecado a confessar, se porventura assim fosse, o que não creio), então que mo demonstrem por favor, e em três vertentes: que o fenómeno não existe e não tem a intensidade e a importância que menciono; que o mesmo não é suscetível de ter (e que às vezes tem mesmo) influência intraprocessual; e que na esfera pública a presunção da inocência não "anda pelas ruas da amargura" – permitam a liberdade de linguagem. Façam-no, e calo-me, e além disso ficarei grato e mais descansado. Mudarei o meu olhar, descansarei, embora não ao ponto (porque outras coisas há nesta vida e nos processos) de alcançar «as órbitas de súbito sem ódio, tranquilas, apaziguadas, que os animais têm ao morrer» (segundo António Lobo Antunes[4]).

Já quanto à erosão das garantias na Lei e na Jurisprudência, poderia dar inúmeros exemplos, até poderia, se para tanto tivesse engenho e arte, escrever um tratado. Mas limito-me a alguns exemplos, em jeito de inventário (e não é por pecado de preguiça, mas porque este não é o lugar para mais): a diminuição e o enfraquecimento da fase da instrução; as limitações no regime dos recursos, em várias vertentes; o abuso da prova indireta; o endurecimento de meios de obtenção da prova; a "generosa" interpretação dos pressupostos para a constituição de arguido; o mau uso das medidas de coação, em especial, as mais gravosas; a erosão da oralidade e da imediação no julgamento, e, em especial, a possibilidade de uso nesta fase das declarações do arguido em fases anteriores do processo; a insuportável duração de alguns processos na fase de investigação e/ou as suas esmagadoras dimensão e complexidade. E, por ora, por aqui me fico.

Já se vê que considero que não vivemos tempos favoráveis à defesa. Não sou "tremendista", não acho que o sistema de justiça penal esteja gravemente doente[5], não ignoro os vários avanços positivos em certas áreas, mas penso – firmemente – que houve passos negativos, alguns mesmo muito negativos, e também que não podemos deixar de enunciar as ameaças e de desafiá-las. E penso ainda que, nesse quadro, é tempo de, entre o mais, reafirmar a importância, a razão de ser e o valor da presunção da inocência, em si e como barómetro da saúde do Processo. Por isso, e tudo visto, decidi regressar ao tema.

Duas opções se me colocavam (a inevitável e borgiana bifurcação dos caminhos[6]): escrever de novo (embora reescrevendo, em muito óbvio palimpsesto) ou publicar o que escrevi há mais de 20 anos e já esteve publi-

[4] António Lobo Antunes, *Fado Alexandrino*, 11.ª ed., Lisboa, Dom Quixote, 2007, p. 648.

[5] Aliás, já escrevi que o nosso sistema de justiça sofre de alguma hipocondria ("O hipocôndrio e o epigastro", *in Mapa-Múndi da Justiça em Bilhete Postal*, Lisboa, bnomics, 2011, pp. 9-11).

[6] Jorge Luis Borges, "O jardim dos caminhos que se bifurcam", *in Ficções*, Lisboa, Teorema, 1998, pp. 79 e ss. (trad. de José Colaço Barreiros, de *Ficciones*, Buenos Aires, Emece Editores, 1989).

cado (e agora esgotado). Optei pela segunda, não por preguiça, e não tanto por falta de tempo e forças para (re)escrever, mas porque, relendo o texto, achei (soberba, talvez – pecado, mais um, que fica confessado) que o mesmo, exatamente como o fiz então e como tem circulado em edição da AAFDL, mantinha toda a atualidade, e, aliás, tinha-a agora mais, pelas razões que sinteticamente já enunciei e, sobretudo, pelo "ambiente" que vivemos, de verdadeiro *pathos* (público) processual penal. E, talvez também soberbamente, pensei que o esgotamento da edição e das reimpressões significava que haveria leitores para o escrito.

É, pois, o mesmo texto que agora publico, sem alterações (a não ser de adaptação à nova ortografia e de revisão e alteração de pequenas coisas), devendo as menções legais, jurisprudenciais e doutrinárias ter-se por referidas ao tempo da escrita do texto, isto é, à data que nele figura no final. Aqui fica a confissão, integral e sem reservas. Nada tem de novo, nada tem de atualizado, salvo este pequeno texto introdutório e, natural e principalmente, salvo também o que o tempo entretanto decorrido e a história entretanto vivida possam ter ensinado ao olhar dos leitores. Julgo, permitam que o diga, que o que escrevi mantém a atualidade, e até tem mais hoje do que quando eu tinha 26 anos. Os tempos, infelizmente, correram de feição para que as brechas e as ameaças (diretas e indiretas, ou mesmo sub-reptícias) que aponto no escrito à presunção da inocência, e outras (em especial, as que decorrem da ressonância pública dos processos), se adensassem. E, sobretudo, os tempos correram e correm de feição para que seja necessário, com firmeza, sublinhar a presunção da inocência e a sua razão de ser e o seu papel.

E dizer isto é também uma afirmação ideológica, porque o Processo Penal é talvez o mais ideológico dos ramos do Direito, sendo, para citar a afirmação clássica e célebre, verdadeiro Direito Constitucional aplicado e um "sismógrafo" dos valores constitucionais. E é-o dentro e fora do processo, e para o saber não é preciso ter lido, por exemplo, os autores que ensinam a importância da vertente externa do sistema jurídico, basta ter vivido e estar de olhos abertos. Tanto mais quanto mais a realidade é cada vez mais poliédrica, e os seus vários planos se interpenetram e se influenciam mutuamente. Tudo está ligado, tudo se comunica e contamina, e nada é estanque. Afirmar a presunção da inocência na esfera pública é também afirmá-la na esfera estritamente processual, e vice-versa. Como também digo no escrito (citando quem o estudou e disse melhor – palimpsesto, novamente), o "círculo de vivências, de comunicação e de linguagem" contribui decisivamente para qualquer fenómeno de conhecimento e de decisão.

Neste texto introdutório não cito expressamente autores de Direito, mas apenas autores de Literatura. De propósito, e por duas razões: uma, para acentuar que estou já muito longe de qualquer propósito académico, e que os eventuais méritos académicos estritos que o escrito agora (re)publicado possa ter são pequenos, sendo que o escrevi na academia, mas talvez mais marcado pelo meu lugar de prático do Direito do que, então, pelo meu lugar de aprendiz de académico; outra, para acentuar o papel que a Literatura tem no modo como vejo o Mundo e, nele, também, o Processo, e para sublinhar que o Processo é bem mais do que Direito, e tem uma dimensão que talvez só a Literatura, a Filosofia e a História (ah, a História!) possam realmente iluminar. Aqui escolhi, principalmente, a marca da Literatura.

Por isso, terminarei citando mais um escritor, mas só depois de agradecer. Agradecer à Cláudia Baptista e à sua equipa, sem as quais a empresa de revisão e publicação não teria sido possível, o mesmo valendo, *mutatis mutandis*, para a Ana Craveiro e a sua equipa, fundamentais no projeto gráfico e afins. E agradecer à Almedina e à minha sociedade de advogados (a Morais Leitão, Galvão Teles, Soares da Silva & Associados), pois é no âmbito da coleção/da parceria de ambas que agora (re)publico a obra. E não o faço por infidelidade à AAFDL (não, não fui aqui acometido de "luxúria editorial"), muito menos por esquecer o acolhimento e o carinho que esta sempre me deu. Faço-o porque não poderia deixar de, com esta publicação, prestar um contributo àquela coleção, e assim, e sobretudo, homenagear a sociedade de advogados onde, desde há quase 25 anos, sou advogado, e onde aprendi e vivi tudo quanto me levou a escrever o que publico e a poder, hoje, pensar que o que publico continua atual e que é necessário. Se estiver enganado sobre essa atualidade e/ou sobre essa necessidade, tanto melhor – e "desculpem qualquer coisinha", como sói dizer-se.

E a citação com que disse acima que terminaria é de Pepetela, em *A Geração da Utopia* (talvez um título calhado para qualquer aproximação ao processo penal), para com ela ilustrar o carácter complexo e poliédrico – e de intensos vasos comunicantes, ao contrário do que possa parecer numa leitura superficial da citação – da vida e do processo (este nas suas várias vertentes e dimensões, "dentro" e "fora"; aliás, no texto citado de Borges, vê-se bem também como a realidade é feita de convergências, divergências, paralelos). O segundo dos quatro capítulos daquele livro tem por título

"A Chana"[7], e começa assim: «[a]inda o deserto. Agora, do deserto brotou capim e o deserto se tornou chana. Mas sob o capim há areia. E que é a areia senão o cobertor do deserto? Não, não é verdade. A chana não é um deserto, nada tem de comum com um deserto. A areia é um pormenor, não a alma do deserto. O deserto é um mundo fechado. A chana são vários mundos fechados, atravessados uns pelos outros. A complexidade da chana está na sua própria definição».

E é isto que tenho para dizer introdutoriamente, à guisa de explicação do que agora dou, novamente, à estampa, dando-o em (re)publicação também para combater «a lívida memória, descolada dos cérebros, tão fina, tão doente [...]», apelando a uma memória sã e forte, memória de tudo quanto no Processo Penal é conquista (e aquelas palavras são de Hélia Correia, muito recentes, em *Um Bailarino na Batalha*[8] – afinal havia ainda uma outra citação...). Esta minha publicação, que julgo dever fazer, e que agora quero fazer, é apenas um contributo, é um alerta, e dormirei melhor fazendo-o, embora não por inteiro, pois, como a mesma autora diz, no mesmo livro, «só as crianças dormem por inteiro»[9].

Mas falta ainda uma explicação, que é a resposta a uma pergunta que o leitor poderá ter desde o início do texto: qual a razão do título? Pois bem, o título é de um quadro de David Hockney, de 1963, que está reproduzido na página anterior ao início deste texto inaugural. Vi este quadro pela primeira vez em 17 de março de 2017, em Londres, numa exposição dedicada ao pintor na Tate Britain. Logo aí – por aqueles mistérios inexplicáveis relativos à nossa relação com a arte – soube que escreveria um texto sobre Processo Penal tendo esse título, porque, intuitivamente, logo soube que vejo o verdadeiro e próprio processo penal daquela forma: uma pessoa, sozinha, nua, correndo, pisa o verde, e há uma parede, nas cores domina o branco e o negro, mas há também azul, a *bit of blue*, e é nesse pequeno mas vivo horizonte de cor que se define a essência de um *due process of law*. Aí e então, pensei que daria esse título a um texto que faria parte de um outro livro, chamado *Depender da Bondade de Estranhos*, livro que já então tinha, em esboço, em mãos e que ainda delas não saiu acabado, quase dois anos volvidos – querer escrever e publicar mais, porventura mais um pecado capital, a ganância, embora refreado por

[7] Pepetela, *A Geração da Utopia*, Lisboa, Leya, 1992, p. 147.
[8] Hélia Correia, *Um Bailarino na Batalha*, Lisboa, Relógio D'Água, 2018, p. 9.
[9] *Idem*, p. 30.

alguma preguiça e, valha a verdade, pela hesitação (temperança?) sobre os pontos de algumas partes desse livro, também ele sobre Processo Penal e sobre processos penais, escritas sob o signo da ira. Seja como for, este título para um texto ficou-me em projeto, o outro livro continua guardado (avareza?), e encontrei agora, nesta introdução à guisa de explicação, o lugar calhado para o usar. Quem sabe se logo em 17 de março de 2017 não era isso que inconscientemente ficou marcado? Quem sabe? Como diz o provérbio – e o tempo é de provérbios, a respeito de processos penais também, *et pour cause* – "*guardado está o bocado* (neste caso, o título) *para quem o há de comer*". Aqui vos deixo, pois, novamente, e agora com outra chancela, um pequeno contributo para uma pincelada de azul processual penal.

Lisboa, janeiro de 2019

A presunção da inocência no julgamento em processo penal – Alguns problemas

Ao meu avô Ramiro, que continua comigo.

SUMÁRIO

I. Introdução. Considerações iniciais. Breve referência à problemática do princípio da presunção da inocência do arguido e as medidas de coação. Delimitação e apresentação do objeto do presente trabalho.

II. O princípio da presunção da inocência do arguido no atual processo penal português. Fontes. O princípio da presunção da inocência do arguido e a prova em processo penal. O princípio da presunção da inocência do arguido e os seus estatuto e tratamento. O princípio da presunção da inocência como direito do arguido e como comando dirigido ao legislador e a outros sujeitos processuais penais, e não como presunção em sentido técnico-jurídico.

III. A decisão judicial (em especial a questão da "pré-compreensão" na decisão judicial). O abandono do modelo explicativo do silogismo judiciário. O modelo explicativo do "círculo hermenêutico", com especial referência aos autores da chamada "hermenêutica existencial". A "pré-compreensão" na decisão judicial. Inteleção *versus* convicção. Breve referência ao pensamento de CASTANHEIRA NEVES. Subjetividade e motivação. A importância da ausência, na fase do julgamento, de meios de orientação do juízo do julgador. A importância dos mecanismos de violação indireta de princípios jurídicos.

IV. O princípio da presunção da inocência do arguido na fase do julgamento no atual processo penal português (alguns problemas). A unidade dos autos e o saneamento do processo. A receção da acusação pelo juiz de julgamento. Breve referência aos princípios do contraditório e da igualdade de armas. Breve referência ao processo penal anglo-americano. O conhecimento dos antecedentes criminais do arguido no início da audiência de julgamento (com especial referência ao antigo n.º 2 do artigo 342.º do Código de Processo Penal). Breve referência à *césure*. Considerações finais.

V. Conclusões

VI. Bibliografia

«Ignoro, Atenienses, a impressão que vos causaram os meus acusadores. Por mim, de os ouvir, quase me esqueci de quem sou, tão persuasivos eram os discursos deles».

Apologia de Sócrates
Platão

«Indicarei agora o lugar daquele que se submeterá ao julgamento. Ficará no seu reduto próprio, vigiado, em frente dos três julgadores, mas deles afastado. Todos aqueles o olharão de frente. Sabendo-o, ele terá cuidado com os seus gestos mais do que com as palavras, ou não terá; e tudo isso é importante».

Juízo Perfeito
Julieta Monjinho

I
Introdução

1. Sendo o mote do presente texto o princípio da presunção da inocência do arguido e a estrutura do processo penal português, vários temas se ofereciam à investigação e à reflexão. Na verdade, o princípio da presunção da inocência do arguido, constituindo um princípio estruturante do processo penal português hodierno, de mais a mais constitucionalmente consagrado[1], tem incidência em todas as fases do processo penal e dirige-se a vários dos seus sujeitos, ainda que, em um e outro caso, de diferentes formas e com diferentes intensidades. Aliás, sempre dizemos, *a latere*, que consideramos o tema do princípio da presunção da inocência do arguido e a estrutura do processo penal português um tema que, na teoria dos sujeitos do processo penal, diz respeito, não apenas ou sobretudo ao arguido, mas a todos os sujeitos, particularmente àqueles que, em cada fase do processo penal, se podem considerar o seu *dominus*.

Vários temas – já se disse – se ofereciam à investigação e à reflexão: o princípio da presunção da inocência do arguido e o segredo de justiça; o princípio da presunção da inocência do arguido na fase do inquérito; o princípio da presunção da inocência do arguido e o princípio da publicidade em processo penal, nomeadamente no que concerne à intervenção dos *media* no processo penal, ao fenómeno do "*trial by newspaper*" e aos excessos e às distorções a que a publicidade informativa do processo penal (de um processo

* No presente trabalho, as referências bibliográficas far-se-ão indicando apenas o autor, a obra e, em certos casos, a(s) página(s); a final, encontram-se as referências bibliográficas completas. Procurámos seguir, no que concerne às referências bibliográficas, as indicações de Umberto Eco, em *Como se Faz uma Tese em Ciências Humanas*, embora, em alguns casos, tenhamos feito adaptações ou tomado caminhos diferentes.

[1] *Vd. infra*, II-1.

penal) pode conduzir, ao ponto de podermos atingir um sistema informal de "justiça penal sem julgamento"[2]; o princípio da presunção da inocência do arguido na fase da instrução; ou em sede de recurso; entre outros.

Por uma razão ou por outra, nenhum destes temas nos pareceu dever ser o eleito para o presente texto. Ou porque outros colegas do curso de mestrado abordariam temas muito próximos (segredo de justiça, o inquérito e por aí fora); ou porque eram temas que acabariam por centrar-se em outras questões que não o princípio da presunção da inocência do arguido, ficando esta como uma questão lateral (casos do referido tema da intervenção dos *media* no processo penal e, de uma certa forma, do princípio da presunção da inocência no inquérito, que acabaria, necessariamente, por centrar-se na natureza e na legitimidade desta fase processual); ou ainda porque não nos pareceram temas onde a questão do princípio da presunção da inocência do arguido se colocaria com toda a sua riqueza. Mas sobretudo porque à investigação e à reflexão também se ofereciam outros dois temas de grande interesse e importância, a nosso ver, já porque respeitam a momentos decisivos do processo penal, em que muito está em causa e muito se decide, já porque respeitam a momentos em que o estatuto do arguido, de um modo geral, e o princípio da sua presunção da inocência, em particular, assumem enorme relevância. Momentos em que, talvez mais do que em quaisquer outros do processo penal, se coloca a questão do equilíbrio entre as duas finalidades maiores do processo penal. Como bem ensina Castanheira Neves[3], «o direito processual criminal é orientado por duas finalidades principais, por que se especifica a sua intencionalidade, não só jurídico-processual, como ainda ético-jurídica: a) propõe-se uma estrutura processual que permita, eficazmente, tanto averiguar e condenar os culpados criminalmente, como defender e salvaguardar os inocentes de perseguições e condenações injustas [...]; b) o processo criminal deverá orientar-se, por outro lado, pela válida conciliação de dois princípios ético-jurídicos fundamentais: o princípio da reafirmação, defesa e reintegração da comunidade ético-jurídica [...] e o princípio do respeito e garantia da liberdade e dignidade dos cidadãos [...]».

[2] A este respeito, *vd.* Figueiredo Dias, *Direito Processual Penal*, vol. I, pp. 226 e ss., e bibliografia e jurisprudência aí citadas.

[3] Em *Sumários de Processo Criminal*, pp. 6 e 7.

2. O primeiro dos referidos temas seria o princípio da presunção da inocência do arguido e as medidas de coação, no atual Direito Processual Penal português.

Relativamente a esta questão, a posição comummente adotada, quer pela doutrina, quer pela jurisprudência, encontra-se expressa nestas palavras de FIGUEIREDO DIAS[4]: «[r]elativamente ao arguido como objecto de medidas de coacção, o princípio jurídico-constitucional em referência [presunção da inocência do arguido] vincula estritamente à exigência de que só sejam aplicadas àquele as medidas que ainda se mostrem comunitariamente suportáveis face à possibilidade de estarem a ser aplicadas a um inocente. E daí as exigências [...] de necessidade, adequação, proporcionalidade, subsidiariedade e precaridade, que o artigo 193.º do Código integralmente produz». Ou seja, tem-se entendido que, no que às medidas de coação diz respeito, fica salvaguardado o princípio da presunção da inocência do arguido que é delas objeto (e esta palavra não deixa de ser já particularmente significativa), se forem respeitados os princípios da legalidade (ou tipicidade)[5], da necessidade, da adequação, da proporcionalidade, da subsidiariedade[6] e da precaridade[7], com o que tais medidas serão suportáveis, mesmo estando a ser aplicadas a alguém que, por comando constitucional, se presume inocente. É desta forma que a questão tem sido, geralmente, colocada[8].

Ora, não se duvida de que o respeito pelos princípios acima referidos deva ser nuclear em sede de medidas de coação, nem se duvida tão-pouco de que o seu respeito torne as medidas de coação "comunitariamente suportáveis". Do que se duvida – e era, sobretudo, isso que se ofereceria à investigação e à reflexão, a nosso ver – é de que a aplicação de medidas de coação seja, verdadeiramente, compatível com o princípio da presunção da inocência em toda a sua extensão[9], não tanto em termos de compatibilidade constitucional (até

[4] Em "Sobre os Sujeitos Processuais no Novo Código de Processo Penal", p. 27.

[5] Cfr. artigo 191.º do Código de Processo Penal (todas as referências ao Código de Processo Penal – e, bem assim, a outros diplomas legais, salvo indicação em contrário, referem-se ao Código de Processo Penal português vigente).

[6] Cfr. artigo 193.º do Código de Processo Penal.

[7] Cfr. artigos 212.º e ss. do Código de Processo Penal.

[8] Assim, por exemplo, JOÃO CASTRO E SOUSA, em "Os Meios de Coacção no Novo Código de Processo Penal", e ODETE MARIA DE OLIVEIRA, em "As Medidas de Coacção no Novo Código de Processo Penal".

[9] *Vd. infra*, II.

porque sempre teríamos o artigo 27.º, n.º 2, da Constituição da República para solucionar o problema[10]), mas em termos de compatibilidade lógica, psicológica e sociológica. Ou seja, do que se duvida é de que se deva pôr a questão apenas em termos de suportabilidade das medidas de coação considerando que estão a ser aplicadas a alguém que se presume inocente, não se perguntando se esse alguém a quem tais medidas são aplicadas se presume, realmente, inocente; se, nessa sede, a presunção da inocência é ou não uma fórmula vazia. O que se oferecia à investigação e à reflexão era saber até que ponto a aplicação de medidas de coação (talvez à exceção do termo de identidade e residência), atendendo sobretudo aos seus fins – enunciados no artigo 204.º do Código de Processo Penal –, não envolve e não pressupõe (e não conduz a) uma presunção da culpabilidade. Pois não é verdade que quer os fins processuais enunciados nas alíneas a) e b) daquele artigo (garantir a possibilidade de recolha, pronta, completa e correta, da prova e garantir a exequibilidade da decisão final de condenação), quer os fins extraprocessuais enunciados na sua alínea c) (proteção da comunidade e da vítima) pressupõem um juízo de culpabilidade, que justificaria os perigos de fuga, de perturbação do processo e da ordem e tranquilidade públicas e de continuação da atividade criminosa? Era sobre isto que cumpriria investigar e refletir.

E, posto isto, outras questões se imporiam à investigação e à reflexão: por um lado, saber até que ponto a aplicação de medidas de coação, envolvendo ou não uma presunção da culpabilidade, é compatível com o estatuto do arguido no atual Direito Processual Penal português, e até que ponto as mesmas, em ordem a salvaguardar certas finalidades do processo penal, não ofendem insuportavelmente os direitos, liberdades e garantias dos arguidos[11] e, em última análise, a dignidade da pessoa humana[12]; por outro lado, saber

[10] E, ainda assim, caberia levar em conta e refletir, nesta sede, acerca do disposto no artigo 18.º, n.º 2, da Constituição da República.

[11] Em "La Protection des Droits de l'Homme dans la Procedure Penale Portugaise", admite Figueiredo Dias", a pp. 185: «*[l]'inculpé est, donc, non seulement sujet du procès et moyen de preuve, mais également objet de moyens de contrainte procédurale. Et c'est sans doute sous cet aspect qu'il encourra, plus probablement et plus souvent, des atteintes à ses droits d'homme*».

[12] Pois se é verdade que o Direito Processual Penal prossegue certas finalidades que admitem limitações recíprocas (a realização da Justiça e a descoberta da verdade material, a preservação dos direitos, liberdades e garantias dos cidadãos, a promoção dos valores da segurança, a preservação dos valores da eficiência e da rentabilidade), não é menos verdade que a estru-

até que ponto a aplicação de medidas de coação (nomeadamente, nas suas formas mais graves) não cerceia as possibilidades de defesa do arguido, por via da limitação da sua liberdade ambulatória[13] ou até do reduzido alcance que nelas tem o princípio do contraditório[14-15].

Por aqui se vê que o tema do princípio da presunção da inocência do arguido e as medidas de coação no atual Direito Processual Penal português implicaria um estudo muito para lá da incidência do princípio da presunção da inocência do arguido no campo das medidas de coação, acabando por conduzir-nos, inevitavelmente, a uma reflexão sobre a compatibilidade das mesmas com outros princípios estruturantes do processo penal hodierno e com o estatuto do arguido e, a final, a uma reflexão sobre a sua legitimidade. Ora, tal reflexão afigurou-se-nos demasiado ampla para um trabalho desta natureza, indo também muito para além do mote deste trabalho[16-17].

turação de um sistema de processo penal num Estado de Direito terá como objetivo fundamental promover a defesa da dignidade da pessoa, não admitindo tal objetivo qualquer tipo de transação.

[13] Sobre a caracterização das medidas de coação como medidas que restringem a liberdade ambulatória – e também sobre a sua distinção das medidas de garantia patrimonial e das medidas de natureza cautelar –, *vd.* José António Barreiros, "As Medidas de Coacção e de Garantia Patrimonial no Novo Código de Processo Penal".

[14] Cfr., nomeadamente, artigo 194.º, n.º 2, do Código de Processo Penal.

[15] Esclarecedoras, a este respeito, são as seguintes palavras de Germano Marques da Silva (em *Curso de Processo Penal*, vol. I, p. 37): «[o]utra limitação resulta da possibilidade de aplicação ao arguido de medidas privativas e restritivas da liberdade com base exclusiva nas provas recolhidas pela acusação. Na verdade, neste caso, é negada a igualdade, pois que o arguido vai ficar sujeito a medidas privativas ou restritivas da sua liberdade com base nas provas recolhidas exclusivamente pela acusação, sem que tenha efectiva oportunidade de as ilidir antes de lhes sofrer os efeitos».

[16] Talvez venhamos a fazer esta reflexão, em um trabalho futuro, académico ou não.

[17] Todas as dúvidas e perguntas que aqui formulámos relativamente às medidas de coação – por mais inusitadas ou "radicais" que possam ser consideradas – são sinceras dúvidas e sinceras perguntas, não tendo qualquer natureza retórica. Ou seja, não pretendemos com tais dúvidas ou tais perguntas afirmar o que nelas se põe em dúvida ou se pergunta, não pretendemos afirmar a incompatibilidade das medidas de coação com certos princípios estruturantes do processo penal português ou a sua ilegitimidade. O que dizemos é apenas que tais dúvidas e tais perguntas devem ser colocadas e respondidas, e que o facto de as mesmas dúvidas e perguntas não serem habitualmente formuladas ou o facto de as medidas de coação terem, entre nós, cobertura constitucional e legal não tira às referidas dúvidas e perguntas, a nosso ver, pertinência e importância. Não ignoramos, contudo, que estamos na presença de dúvidas e de perguntas que, por várias razões – e, em última análise, por razões culturais –, talvez mere-

3. Por outro lado, um segundo tema – como se disse – se oferecia à investigação e à reflexão: o princípio da presunção da inocência do arguido na fase do julgamento, à luz do atual Direito Processual Penal português. E, fazendo uso, por um lado, do direito de liberdade na escolha de um tema de investigação, e porque, por outro lado, nos parece que a fase do julgamento é a fase mais importante do processo penal, a fase onde tudo (ou quase tudo) se decide, foi esse o tema que escolhemos para o presente trabalho.

Na verdade, pode dizer-se, esquematicamente – e seguindo, na terminologia, Francesco Carnelutti[18] –, que o processo penal se divide em duas grandes fases, a da instrução e a do juízo, destinando-se a primeira a preparar a segunda, e sendo certo que é na segunda fase que, verdadeiramente, tudo se decide, absolvendo-se ou condenando-se o arguido. Nas palavras de Fernando Luso Soares[19], «o facto, em primeiro lugar apontado como meramente possível (através do somatório indiciário), é apresentado depois como muito provável (conforme a acusação do Ministério Público, do ofendido ou do assistente) e acaba por vir a ser concretamente certo (com a sentença do juiz)». Ou, nas palavras de Francisco Ramos Méndez[20]: «[o] delito, juridicamente, não existe senão através da sentença».

Se ao longo de todo o processo penal está presente a tensão entre a "razão do Estado" e a "razão individual", entre a possibilidade de realização do *jus puniendi* do Estado e a salvaguarda dos direitos, liberdades e garantias individuais, é no julgamento que essa tensão assume maior expressão, pois é aí que é tomada a decisão final, decisão essa que, condenando ou absolvendo, e fazendo-o justa ou injustamente, pode assegurar ou não o respeito pelo *jus puniendi* do Estado – e, com ele, pela segurança e pela tranquilidade comunitárias[21] – e pelos direitos, liberdades e garantias individuais. E esses respeito ou desrespeito, por via da sentença ou do acórdão, assumirão, não um

cessem conclusões e respostas no sentido da manutenção, da justificação e da legitimação das medidas de coação no processo penal.

[18] Citado, amiúde, em Fernando Luso Soares, *O Processo Penal como Jurisdição Voluntária (Uma Introdução Crítica ao Estudo do Processo Penal).*

[19] *O Processo Penal como Jurisdição...*, p. 18.

[20] Em *Derecho y Proceso*, citado por Fernando Luso Soares, em *O Processo Penal como Jurisdição...*, p. 29.

[21] Diz Figueiredo Dias, em "O Novo Código de Processo Penal", p. 11: «[u]m programa político-criminal para as últimas décadas do nosso século e para as primeiras do século vindouro tem de partir da assunção de que, num Estado de Direito democrático e social, a imposição

carácter "provisório" (digamos assim), como em outras decisões e em outras fases do processo penal, mas "definitivo" (salvaguardando, naturalmente, o direito de recurso). O que é tanto mais sério, quanto mais levarmos em conta que o processo penal, em última análise, respeita, não ao ter, como o processo civil, mas ao ser[22].

Se – acompanhando, por exemplo, GERMANO MARQUES DA SILVA[23] – considerarmos que existem no processo penal três missões – uma missão jurídica (ordenada à realização do direito substantivo), uma missão política (ordenada à salvaguarda dos direitos, liberdades e garantias do arguido) e uma missão social (ordenada à manutenção da pacífica convivência social) –, é na fase do julgamento que elas assumem a sua maior e melhor expressão. Certo é também que poderemos definir o processo penal – ainda que pelo mínimo denominador comum da doutrina – como um conjunto de atos destinado a averiguar a responsabilidade de alguém por um dado facto e a caracterizar ou não esse facto como criminoso. Ora, tal averiguação e tal caracterização fazem-se, verdadeiramente, no julgamento, culminando na sentença (em sentido amplo); sendo no julgamento que o princípio do contraditório assume a sua mais ampla expressão, só podendo ser valoradas as provas aí produzidas[24] e vigorando um sistema de livre apreciação da prova ou de "provas morais".

da pena só pode ter por justificação a tutela de expectativas sociais criadas pela norma ou, se preferirmos, a reafirmação da validade da norma violada».

[22] Usa-se aqui, uma vez mais, a terminologia carneluttiana, sem, com isso, aderir às suas teses sobre a natureza do processo penal e, bem assim, sem deixar de duvidar se o processo civil, ao menos indiretamente (e diretamente, em certos casos – pense-se, por exemplo, no Direito da Família), não diz também respeito ao ser.

[23] *Curso de Processo Penal*, vol. I, p. 49. Em sentido idêntico, FIGUEIREDO DIAS, "O Novo Código de Processo Penal", pp. 12 e 13, e o Acórdão do Tribunal Constitucional n.º 7/87, de 9 de janeiro de 1987, que apreciou preventivamente a constitucionalidade do Código de Processo Penal – Acórdão que pode ver-se em LOBO MOUTINHO, *Direito Processual Penal (Textos de Apoio às Aulas Práticas)*, pp. 69 e ss.

[24] A este respeito, diz JOSÉ ANTÓNIO BARREIROS, em "O Julgamento no Novo Código de Processo Penal", pp. 273 e 274: «[...] na verdade, como em nenhum outro momento da nova evolução jurídica, se encontrou um Código que levasse tão longe a linha da frente da jurisdicionalização, naquilo que ela tem de mais específico: a outorga a juízes do poder de aferição da prova e da livre apreciação da responsabilidade penal, sem submissão ao material probatório previamente escrito durante o corpo de delito, ou a autos que façam fé em juízo até prova em contrário». A respeito deste ponto, *vd. infra*, IV-6.

Ora, foi por considerarmos que a fase do julgamento tem no processo penal esta importância[25], que escolhemos como tema para este trabalho o princípio da presunção da inocência do arguido na fase do julgamento, no atual processo penal português. Mas também por outras razões: por um lado, porque ele permitirá (melhor do que o referido tema relativo às medidas de coação) tecer algumas considerações (muito superficiais, necessariamente) sobre o sistema processual penal anglo-americano, glosando assim também a segunda parte do mote deste trabalho ("a superioridade do modelo anglo-saxónico") – embora não se pretenda com este trabalho propor ou sequer esboçar uma reforma do processo penal português, mas tão-só indicar o que nos parecem ser, no atual processo penal português, algumas "brechas" relativamente ao princípio da presunção da inocência do arguido na fase do julgamento; por outro lado, porque o presente tema permitirá e obrigará a refletir sobre uma questão que nos parece importante e que, estamos em crer, não tem sido, entre nós, suficientemente considerada, indo a sua relevância muito para além do processo penal, questão essa que se prende com o mecanismo da decisão judicial e em particular com o que chamaremos "o problema da pré-compreensão na decisão judicial"; por último, porque a reflexão sobre este tema abre caminho[26] para a relexão acerca do Direito e da ideologia penais, em geral, e do Direito Processual Penal, em particular. Sendo certo, como sublinha FIGUEIREDO DIAS[27], que «o direito processual penal é, fora de toda a dúvida, um dos ramos de direito mais fortemente "ideologizados", dada a directa conexão da sua temática com os pressupostos políticos fundamentais de uma comunidade e com a "concepção do homem" que lhe subjaz».

4. Assim, no presente trabalho, tratar-se-á, em primeiro lugar, o princípio da presunção da inocência do arguido no atual processo penal português, procurando esclarecer quais os contornos e o alcance deste princípio. Em segundo lugar, tratar-se-á a referida questão da decisão judicial e, em especial, o problema da "pré-compreensão", numa tentativa de, à luz, sobretudo (mas não exclusivamente), das teses da chamada "hermenêutica existencial", procurar saber como se processa o momento da *applicatio*. Em terceiro

[25] O mesmo já não diríamos relativamente ao processo civil.

[26] Caminho que desejamos trilhar, futuramente.

[27] *Direito Processual Penal*, Prefácio.

lugar, procuraremos refletir sobre alguns aspetos relativos à fase do julgamento no atual processo penal português que, a nosso ver, podem constituir "brechas" no princípio da presunção da inocência do arguido, a saber, por esta ordem: a unidade dos autos e o saneamento do processo; a receção da acusação pelo tribunal de julgamento; por último, o conhecimento dos antecedentes criminais do arguido no início da audiência de julgamento (com especial referência ao antigo artigo 342.º, n.º 2, do Código de Processo Penal e ainda à *césure*).

O presente trabalho não tem, naturalmente[28], a preocupação de esgotar todas as questões que se podem colocar a propósito do tema escolhido[29], ou seja, a propósito do princípio da presunção da inocência do arguido na fase do julgamento, à luz do atual processo penal português, nem tão-pouco de esgotar as questões eleitas para investigação e reflexão (referidas no parágrafo anterior). No presente trabalho, procurar-se-á apenas dar conta do resultado das nossas investigação e reflexão acerca das mencionadas questões, investigação e reflexão essas que empreendemos ainda no tempo do 5.º ano do curso de licenciatura e que agora aprofundámos, sem nunca perder de vista a ideia – que é todo um programa – de que, no processo penal, se algum desequilíbrio tiver de haver, ele deverá ser no sentido das garantias individuais[30], pois a nossa ordem jurídica é inspirada, sobre tudo, por um critério superior de liberdade, assente no valor moral da pessoa humana.

[28] E como resulta do seu próprio título.

[29] Até porque, por um lado, não poderíamos fazê-lo, sendo certo, por outro lado, que o tema escolhido (como qualquer tema, aliás) talvez seja inesgotável, quanto às questões que a seu respeito se podem colocar.

[30] E assim acompanhamos Teresa Pizarro Beleza, quer nos seus *Apontamentos de Direito Processual Penal*, vol. I, p. 10, quer no seu ensino oral na Faculdade de Direito da Universidade de Lisboa, no ano letivo de 1993/94, a que assistimos no âmbito do 5.º ano do curso de licenciatura.

II
O princípio da presunção da inocência do arguido no atual Processo Penal Português

1. Nos termos do n.º 2 do artigo 32.º da Constituição da República, «todo o arguido se presume inocente até ao trânsito em julgado da sentença de condenação, devendo ser julgado no mais curto prazo compatível com as garantias de defesa». Por sua vez, a Declaração Universal dos Direitos do Homem, de 10 de dezembro de 1948 (cuja autoridade interpretativa e integradora em matéria de direitos fundamentais está estabelecida no artigo 16.º, n.º 2, da Constituição da República), estatui, no n.º 1 do seu artigo 11.º, que «toda a pessoa acusada de um acto delituoso presume-se inocente até que a sua culpabilidade fique legalmente provada no decurso de um processo público em que todas as garantias necessárias de defesa lhe sejam asseguradas». De igual modo, no Pacto Internacional sobre os Direitos Civis e Políticos, de 1976[31], estabelece-se que «qualquer pessoa acusada de infracção penal é de direito presumida inocente até que a sua culpabilidade tenha sido legalmente estabelecida» (artigo 14.º, n.º 2), e na Convenção Europeia dos Direitos do Homem, de 1950[32], estabelece-se que «qualquer pessoa acusada de uma infracção presume-se inocente enquanto a sua culpabilidade não tiver sido legalmente provada» (artigo 6.º, n.º 2).

Encontramos, assim, estabelecido na ordem jurídica portuguesa[33] o princípio da presunção da inocência do arguido até ao trânsito em julgado da sentença condenatória, sendo certo que, nem nas Constituições anteriores à Constituição de 1976, nem na legislação ordinária, existia preceito seme-

[31] Aprovado, em Portugal, para ratificação, pela Lei n.º 29/78, de 12 de junho.

[32] Aprovada, em Portugal, para ratificação, pela Lei n.º 65/78, de 13 de outubro.

[33] Relativamente aos textos de Direito Internacional citados e à sua vigência na ordem jurídica portuguesa, cfr. artigo 8.º da Constituição da República.

lhante ao contido no atual n.º 2 do artigo 32.º da Constituição[34]. Ora, estando encontradas as suas fontes, cumpre esclarecer os contornos e o alcance do princípio constitucional da presunção da inocência do arguido[35], para, depois – como nos propusémos no início deste trabalho –, refletir acerca da compatibilidade com o mesmo de certas disposições legais e procedimentos[36] atinentes à fase do julgamento no atual processo penal português.

2. Se levarmos em conta que, historicamente, o princípio da presunção da inocência do arguido surgiu num contexto – o da Revolução Francesa[37] – de procura de instrumentos jurídicos que limitassem o exercício do *jus puniendi* do Estado, de modo a pôr cobro aos abusos anteriores, próprios de um processo de natureza inquisitória[38-39], facilmente se compreenderá que a pri-

[34] A Constituição de 1976 é, aliás, o texto que, na história do constitucionalismo português, mais preceitos dedica ao processo penal, sendo de destacar os seus artigos 18.º, 27.º, 28.º, 29.º, 30.º, 31.º e 32.º, que podem ser considerados, no seu conjunto, a "magna carta" do processo penal português hodierno.

[35] É corrente afirmar-se, no seguimento de H. Henkel, que o Direito Processual Penal é, na verdade, Direito Constitucional aplicado, porquanto, por um lado, os fundamentos do processo penal são também os alicerces constitucionais do Estado e, por outro lado, encontramos na Constituição a regulamentação de certos problemas do processo penal – neste sentido, por exemplo, Germano Marques da Silva, *Curso de Processo Penal*, vol. I, p. 56, e Figueiredo Dias, *Direito Processual Penal*, vol. I, pp. 74 e ss. "Sismógrafo" dos valores constitucionais chamou Roxin ao Direito Processual Penal.

[36] Para além das disposições legais, referimos os procedimentos (judiciais, naturalmente) atinentes à fase do julgamento, porque consideramos que o *law in action* é tão importante como o *law in books*, além de que reconhecemos a importância da "sociologia da atividade judicial" (a este respeito, *vd. infra*, III–1). Detalhadamente, sobre a "sociologia da ação jurisdicional" (como aparece aí referida), *vd.* Figueiredo Dias e Costa Andrade, *Criminologia: o Homem Delinquente e a Sociedade Criminógena*, pp. 501 e ss.

[37] O princípio da presunção da inocência do arguido foi proclamado pela primeira vez na Declaração dos Direitos do Homem e do Cidadão, de 26 de agosto de 1789 (artigo 9.º): «[*t*]*out homme étant présumé innocent jusqu'à ce qu'il ait été déclaré coupable, s'il est jugé indispensable de l'arrêter, toute rigueur qui ne serait pas nécessaire pour s'ássurer de sa personne doit être sévèrement réprimée par la loi*».

[38] Sobre a evolução histórica do princípio da presunção da inocência do arguido, *vd.* José Souto de Moura, "A Questão da Presunção de Inocência do Arguido", pp. 31 e ss.

[39] A respeito do processo de natureza inquisitória (e, bem assim, a respeito do processo de natureza acusatória), com detalhe sobre a evolução histórica, veja-se Figueiredo Dias, *Direito Processual Penal*, I, pp. 61 e ss.; sobre esta questão, veja-se também, numa perspetiva histórica e sociológica, Michel Foucault, *Vigiar e Punir – Nascimento da Prisão*, pp. 35 e ss. e,

meira incidência do princípio da presunção da inocência do arguido se situe na matéria da prova[40]. Na verdade, do princípio em causa decorre, fundamentalmente: a inexistência de um ónus probatório do arguido em processo penal[41], no sentido de que o arguido não tem de provar a sua inocência para ser absolvido; um princípio *in dubio pro reo*; e decorre ainda que o arguido não é mero objeto ou meio de prova, mas sim um livre contraditor do acusador, com armas iguais às dele[42].

Em primeiro lugar, o princípio da presunção da inocência do arguido isenta-o do ónus de provar a sua inocência, a qual aparece imposta (ou ficcionada, como preferem alguns autores[43]) pela lei. O que carece de prova é o contrário, ou seja, a culpa do arguido[44], culpa essa que cabe ao Ministério Público – e ao tribunal, por via do princípio da investigação – provar. Contudo, se o não conseguirem, não sofrerão qualquer consequência desfavorável; quanto ao tribunal, por razões óbvias, no que toca ao Ministério Público, devido ao seu estatuto de objetividade, não sendo o Ministério Público interessado na condenação do arguido, nem parte no processo (é, aliás, corrente considerar-se que o processo penal português não constitui um processo de partes[45]). Por outras palavras, o princípio da presunção da inocência do arguido dispensa a defesa da necessidade de provar a inocência

sobre a passagem do processo de natureza inquisitória para o processo de natureza acusatória, pp. 82 e ss.

[40] Como outras incidências, para além daquelas de que adiante se tratará, podem indicar-se, entre outras: preferência pela sentença de absolvição contra o arquivamento do processo; exclusão da fixação da culpa em despachos de arquivamento; não incidência de custas sobre arguido não condenado; proibição de antecipação de verdadeiras penas a título de medidas cautelares. Assim, por exemplo, Gomes Canotilho e Vital Moreira, *Constituição da República Portuguesa – Anotada*, p. 203. Ainda a respeito das várias incidências do princípio em apreço, *vd.* Germano Marques da Silva, *Curso de Processo Penal*, vol. I, p. 41.

[41] Se existe ou não um ónus probatório do Ministério Público, adiante se verá.

[42] Sobre o princípio da igualdade de armas, *vd. infra*, IV-3.

[43] Assim José Souto de Moura, "A Questão da Presunção de Inocência do Arguido", p. 43: «[s]e se ficciona o arguido inocente, para que é que se vai provar [...] a inocência?».

[44] O termo culpa é aqui usado (e será, doravante, salvo indicação em contrário), não como categoria da teoria da infração, mas abrangendo todas as categorias daquela teoria (tipicidade, ilicitude e culpa).

[45] Sobre este ponto, por todos, *vd.* Figueiredo Dias, *Direito Processual Penal*, vol. I, pp. 242 e ss., *maxime* pp. 249 e ss. (sobre a questão na ordem jurídica portuguesa), e "Ónus de Alegar e de Provar em Processo Penal?", e Castanheira Neves, *Sumários de Processo Criminal*, pp. 7 e ss. Considerando que o arguido e o Ministério Público são partes em sentido formal e

do arguido, para obter uma absolvição, concentrando na acusação o esforço probatório no sentido da prova da culpa do arguido. Esta afirmação, contudo – e bem vistas as coisas –, deve ser lida com três ressalvas: em primeiro lugar, o arguido, a despeito de ser presumido inocente, tem todo o interesse (e, naturalmente, o direito) em contradizer a acusação contra si proferida, em ordem a evitar que a presunção relativa à sua inocência seja – digamos assim, por comodidade de expressão – "ilidida"[46] (o que nos obriga a considerar que a necessidade de conhecimento por parte do arguido da acusação – e da pronúncia – contra si proferida é também uma decorrência, entre outros princípios, do princípio da presunção da inocência do arguido); em segundo lugar, o princípio da presunção da inocência e a incapacidade de o Ministério Público provar a culpa do arguido não conduzem, necessariamente, num sistema acusatório temperado por um princípio de investigação, como é o nosso[47], à absolvição do arguido, pois o tribunal pode e deve suprir a referida incapacidade da acusação; por último, deve levar-se em conta, como já se referiu, que, estando o Ministério Público sujeito a um estatuto de objetividade, nos termos da lei (que não, amiúde, na prática)[48], não pode falar-se num verdadeiro ónus da prova do Ministério Público, já que não pode

que o arguido é também parte em sentido material (não o Ministério Público), CAVALEIRO DE FERREIRA, *Curso de Processo Penal*, vol. I, p. 148.

[46] Adiante se explicarão as aspas – *vd. infra*, 4. Usando a expressão ilidida sem aspas, nem ressalvas, relativamente à presunção da inocência do arguido, veja-se, por exemplo, o Acórdão do Supremo Tribunal de Justiça, de 25.03.1993, *Boletim do Ministério da Justiça*, n.º 425 (1993), pp. 315 e ss.

[47] A este respeito, *vd.*, por todos, FIGUEIREDO DIAS, *Direito Processual Penal*, vol. I, pp. 191 e ss. Na Proposta de Lei n.º 21/IV (relativa à autorização solicitada pelo Governo para legislar em matéria de processo penal), afirma-se: «[e]m matéria de grandes linhas da estrutura do sistema, o projecto parte do pressuposto de que o processo penal a construir deverá traduzir, não a pureza do princípio acusatório – que a Constituição aliás não cauciona nessa expressão maximalista –, mas, mais realisticamente, a máxima acusatoriedade do processo compatível com a sobrevivência da investigação judicial [...]» (em LOBO MOUTINHO, *Direito Processual Penal...*, p. 10).

[48] Sobre o estatuto de objetividade do Ministério Público, cfr. artigos 221.º da Constituição da República, 53.º do Código de Processo Penal e 2.º, n.º 2, da Lei Orgânica do Ministério Público (Lei n.º 47/86, de 15 de outubro, alterada pela Lei n.º 23/92, de 20 de agosto). Sobre o princípio da objetividade e também sobre o princípio da lealdade, no que tange ao Ministério Público, *vd.* FIGUEIREDO DIAS, "Do Princípio da 'Objectividade' ao Princípio da 'Lealdade' do Comportamento do Ministério Público no Processo Penal", acentuando a ideia de que o princípio da lealdade deve assumir particular expressão nos sistemas processuais, como o nosso,

considerar-se que a incapacidade de provar a culpa do arguido acarrete para o Ministério Público a desvantagem característica dos verdadeiros ónus[49-50].

Por outro lado, o princípio da presunção da inocência surge articulado com o princípio *in dubio pro reo*. Dizemos mais: o princípio *in dubio pro reo* é um dos corolários do princípio da presunção da inocência do arguido. Corolário que já não nos elucida acerca de quem deve provar o quê no processo penal (como a questão – anteriormente tratada – do "ónus da prova"[51]), mas acerca do modo como o julgador penal deve valorar a prova feita e decidir com base nela. O princípio em causa procura, pois, responder ao problema da dúvida na apreciação do caso criminal, não a dúvida sobre o sentido da norma[52], mas a dúvida sobre o facto[53]. Resumindo, o princípio *in dubio pro reo* parte da premissa de que o juiz não pode terminar o julgamento com um *non*

em que a posição do Ministério Público não é de parte processual, mas de auxiliar privilegiado do tribunal na realização das finalidades do processo penal.

[49] Sobre a figura jurídica do ónus (ou, mais corretamente, encargo ou ónus material), enquanto situação jurídica passiva, *vd.* MENEZES CORDEIRO, *Teoria Geral do Direito Civil*, vol. I, pp. 282 e ss.; sobre o ónus da prova em Direito Processual Civil, *vd.*, por todos, JOÃO DE CASTRO MENDES, *Direito Processual Civil*, vol. II, pp. 665 e ss. Sobre o "ónus da prova" em processo penal, veja-se o texto – antigo na data, mas atual no conteúdo – de GIUSEPPE BETTIOL, "Presunzioni ed Onere della Prova nel Processo Penale", nomeadamente pp. 252 e ss.

[50] Refira-se, *a latere*, a respeito da incidência do princípio da presunção da inocência do arguido na matéria da prova em processo penal, e em especial na matéria do "ónus da prova" e do princípio *in dubio pro reo*, que, com a entrada em vigor da Constituição de 1976, foi amplamente discutido o artigo 169.º do Código de Processo Penal de 1929, que atribuia "fé em juízo" aos "autos de notícia" elaborados por agentes da autoridade relativamente a infrações por eles presenciadas, não tendo a Comissão Constitucional acolhido a tese da inconstitucionalidade do referido artigo 169.º perfilhada por alguns autores – *vd.* Acórdão da Comissão Constitucional n.º 168 (relatado por FIGUEIREDO DIAS), de 24.07.1979, *Boletim do Ministério da Justiça*, n.º 291 (1979), pp. 341-353; *vd.* também JOSÉ PEDRO FAZENDA MARTINS, "Subsídios para o Problema do Valor Probatório do Auto de Notícia e da sua Constitucionalidade", JOSÉ SOUTO DE MOURA, "A Questão da Presunção de Inocência do Arguido", pp. 41 e ss., e RUI PINHEIRO e ARTUR MAURÍCIO, *A Constituição e o Processo Penal*, pp. 133 e ss.

[51] As aspas estão já explicadas.

[52] «Em caso de dúvida sobre o significado das normas, deve, com efeito, o intérprete socorrer-se de todos os elementos que permitam a averiguação da verdadeira vontade do legislador», EDUARDO CORREIA, *Direito Criminal*, vol. I, p. 150. Sobre a inaplicabilidade do *in dubio pro reo* à dúvida sobre o sentido da norma, *vd.* GIUSEPPE BETTIOL, "La Regola 'In Dubio pro Reo' nel Diritto e nel Processo Penale", pp. 247-248.

[53] Acerca da dúvida que subjaz ao *in dubio pro reo*, *vd.* CRISTINA LÍBANO MONTEIRO, "Perigosidade de Inimputáveis e *In Dubio Pro Reo*", pp. 11 e ss.

liquet, ou seja, não pode abster-se de optar pela condenação ou pela absolvição, existindo uma obrigatoriedade de decisão[54], e determina que, na dúvida quanto ao sentido em que aponta a prova feita, o arguido seja absolvido[55]. Por outras palavras: se a prova feita não é suficiente para formar a convicção do julgador no sentido da culpa ou da inocência do arguido, então este deve ser absolvido, não tendo a presunção da sua inocência sido "ilidida"[56]; sendo certo que não lhe cabia a ele, arguido, como se viu acima, provar a sua inocência, o que nos permite concluir que bem se articulam os dois mencionados corolários do princípio da presunção da inocência[57].

Ao afirmarmos que o princípio *in dubio pro reo* é um corolário do princípio da presunção da inocência do arguido, não ignoramos que, na doutrina, não é unânime o entendimento acerca da natureza da relação entre o princípio *in dubio pro reo* e o princípio da presunção da inocência do arguido[58], não exigindo a história a ligação entre um e outro. Contudo, estamos em crer que, na verdade, o princípio *in dubio pro reo* pode e deve ser visto como um corolário do mais vasto princípio da presunção da inocência do arguido[59], sendo,

[54] Prescreve o artigo 8.º, n.º 1, do Código Civil: «[o] tribunal não pode abster-se de julgar, invocando a falta ou a obscuridade da lei ou alegando dúvida insanável acerca dos factos em litígio». E o artigo 3.º, n.º 2, do Estatuto dos Magistrados Judiciais (Lei n.º 21/85, de 30 de julho), estabelece: «[o]s magistrados judiciais não podem abster-se de julgar com fundamento na falta, obscuridade ou ambiguidade da lei, ou em dúvida insanável sobre o caso em litígio, desde que este deva ser juridicamente regulado». Para lá dos preceitos legais, esta obrigatoriedade de decisão é imposta pela finalidade processual de restauração da paz jurídica, paz jurídica comunitária e do arguido.

[55] O princípio *in dubio pro reo* encontra a sua equivalência, no sistema anglo-americano, na imposição de que a condenação do arguido surja *beyond a reasonable doubt*; assim ensina, por exemplo, FIGUEIREDO DIAS, em *Direito Processual Penal*, vol. I, p. 205 (nota 49), citando KENNY-TURNER. Sobre o princípio *in dubio pro reo*, genericamente, *vd.* FIGUEIREDO DIAS, *Direito Processual Penal* citado, pp. 211 e ss.

[56] Como na nota 46.

[57] Assim também GIUSEPPE BETTIOL, "Presunzioni ed Onere della Prova nel Processo Penale", p. 255, e também "La Regola 'In Dubio pro Reo' nel Diritto e nel Processo Penale", pp. 250 e ss.

[58] Sobre esta questão, *vd.* CRISTINA LÍBANO MONTEIRO, "Perigosidade de Inimputáveis e *In Dubio Pro Reo*", pp. 41 e ss. e 54 e ss., com análise detalhada da questão e dos possíveis fundamentos do princípio *in dubio pro reo*.

[59] No mesmo sentido, GERMANO MARQUES DA SILVA, *Curso de Processo Penal*, vol. I, p. 220. Assim também, por exemplo, CAVALEIRO DE FERREIRA, *Curso de Processo Penal*, vol. I, p. 212: «[a] prova para condenação tem de ser plena, enquanto a dúvida ou incerteza impõe a absol-

afinal, o reverso processual do princípio penal da culpa[60]. Aliás, neste sentido milita decisivamente, a nosso ver, também a boa articulação existente entre os dois corolários do princípio da presunção da inocência que apontámos no parágrafo anterior[61]; aliás, CASTANHEIRA NEVES[62], que sustenta não ser aceitável a afirmação, comum na doutrina, de que o princípio *in dubio pro reo* só pode entender-se com base na presunção da inocência, dando a este princípio uma justificação apenas jurídico-processual, acaba a afirmar que o princípio *in dubio pro reo* é o correlato processual da exclusão do ónus da prova em processo penal, sendo certo que essa exclusão decorre, como se viu, do princípio da presunção da inocência do arguido. Não esquecemos, contudo, a ligação deste princípio *in dubio pro reo* a outros princípios processuais penais. A este respeito, frisamos que entendemos que o princípio *in dubio pro reo* também se relaciona, por um lado, com o princípio da livre apreciação da prova[63], pois dúvida e convicção são indissociáveis, e, por outro lado, com a questão da fundamentação das decisões[64], pois se as decisões, para se imporem, devem ser fundamentadas, a fundamentação só é, verdadeiramente, possível e convincente (no sentido de passível de reconhecimento e aceitação pela comunidade jurídica) se o julgador estiver certo quanto à sua decisão relativa à questão-de-facto[65] (para o que agora nos ocupa).

vição. É essa a consequência da presunção de inocência, que a razão material impõe, e a Constituição elevou a princípio constitucional». Também TERESA PIZARRO BELEZA, *Apontamentos de Direito Processual Penal*, vol. II, p. 149.

[60] Assim, claramente, FIGUEIREDO DIAS, *Direito Processual Penal*, vol. I, p. 217. Assim também MIGUEL NUNO PEDROSA MACHADO, "O Princípio *In Dubio pro Reo* e o Novo Código de Processo Penal", p. 596, citando GOMES CANOTILHO e VITAL MOREIRA, e também p. 601.

[61] Apontando para a boa articulação entre a questão do "ónus da prova" e o princípio *in dubio pro reo*, embora não explicitamente, KARL ENGISCH, *Introdução ao Pensamento Jurídico*, pp. 102-103.

[62] *Vd. Sumários de Processo Criminal*, p. 56.

[63] Sobre este ponto, CRISTINA LÍBANO MONTEIRO, "Perigosidade de Inimputáveis e *In Dubio Pro Reo*", pp. 51 e ss., que considera – no que a acompanhamos – o princípio *in dubio pro reo* como limite normativo do princípio da livre apreciação da prova. GIUSEPPE BETTIOL, em "La Regola 'In Dubio pro Reo' nel Diritto e nel Processo Penale", aponta também para a relação entre o princípio *in dubio pro reo* e a livre apreciação da prova, nomeadamente a pp. 246. Sobre o princípio da livre apreciação da prova, *vd.* FIGUEIREDO DIAS, *Direito Processual Penal*, vol. I, pp. 198 e ss.

[64] Sobre a questão da fundamentação, ainda que em termos muito genéricos, *vd. infra*, III-3.

[65] Diga-se, *a latere*, que pode encontrar-se uma acutilante análise acerca da relação entre o princípio *in dubio pro reo* e a distinção entre a questão-de-facto e a questão-de-direito

Em terceiro lugar, decorre do princípio de presunção da inocência do arguido que este não é um mero objeto ou meio de prova, mas sim um livre contraditor do acusador, com armas iguais às dele, devendo frisar-se que daqui decorre – e em ligação com o princípio (o primeiro de todos os princípios jurídico-constitucionais) da preservação da dignidade pessoal – que a utilização do arguido como meio de prova é sempre limitada pelo integral respeito pela sua decisão de vontade; ou seja, o arguido, em matéria de prova, não pode ser obrigado a colaborar com o tribunal, além de que a sua confissão (por si, já um ato espontâneo de colaboração) se acha rodeada de especiais cuidados, como facilmente se afere da análise dos artigos 141.º e 344.º do Código de Processo Penal.

3. Aqui chegados, cumpre frisar que é tão marcada a incidência do princípio da presunção da inocência em matéria de prova (que acima procurámos descrever, ainda que sumariamente), que alguns autores foram levados a limitar aquele princípio a essa matéria[66], considerando que o princípio em causa não tem outro alcance para além do que se confina ao *in dubio pro reo* (expressão cunhada por Stübel) e à problemática do "ónus da prova" e da prova em processo penal, de um modo geral. Nesta linha, por exemplo, Bettiol[67], impressionado pela contradição entre a presunção da inocência do arguido e o facto de se estar a proceder contra ele. Na mesma linha, podemos referir, entre nós, Rui Pinheiro e Artur Maurício, que (citando Caetano Russo) afirmam que «a presunção de inocência não transforma o

em Miguel Nuno Pedrosa Machado, "O Princípio *In Dubio pro Reo* e o Novo Código de Processo Penal", nomeadamente nas pp. 594 e ss., chegando à conclusão – que inteiramente acompanhamos – de que o princípio *in dubio pro reo*, dizendo respeito à questão-de-facto (melhor, o seu objeto é a questão-de-facto), não é, em si mesmo, questão-de-facto, mas questão-de-direito, pois trata-se de um princípio de direito. *Vd.* também as ricas referências bibliográficas ali feitas.

[66] «Não é fácil determinar o sentido do princípio da presunção de inocência do arguido» – dizem Gomes Canotilho e Vital Moreira, *Constituição da República Portuguesa – Anotada*, p. 203. Sobre esta questão, *vd.* também o Acórdão da Comissão Constitucional citado *supra*, na nota 50, em especial as pp. 344 e ss.

[67] Citado em José Souto de Moura, "A Questão da Presunção de Inocência do Arguido", pp. 32-33.

arguido – cujo *status* se mantém – em inocente, mas opera exclusivamente sobre o regime do ónus da prova»[68-69].

Ora, devemos dizer que não concordamos com esta visão. Se é indiscutível que o princípio da presunção da inocência do arguido opera decisivamente sobre a questão da prova, não é menos verdade, a nosso ver, que esse princípio tem outra significativa incidência no processo penal (entre outras, menos significativas, como já se viu): impõe que o arguido seja titular de um estatuto e receba um tratamento e uma consideração próprios de alguém que é considerado inocente[70] e que, portanto, está no uso do seu *jus libertatis* – pelo menos, até onde o exercício do *jus puniendi* do Estado o não restringir, por via dos mecanismos processuais considerados indispensáveis ao exercício desse *jus puniendi* (*v.g.*, as medidas de coação, a acusação, a pronúncia, a submissão a julgamento)[71]. Com isto queremos dizer que, no curso de um processo penal, «o arguido está mergulhado num estado de dúvida»[72], no

[68] Rui Pinheiro e Artur Maurício, *A Constituição e o Processo Penal*, p. 130.

[69] Refira-se, a propósito, que não compreendemos inteiramente o que pretendem dizer estes autores (*A Constituição e o Processo Penal*, p. 130), quando afirmam não existir qualquer fundamento lógico-jurídico para a presunção da inocência do arguido, tratando-se, tão-só, de um princípio com um fundamento político, fruto de uma evolução da sociedade e de uma conquista de civilização. Pois parece-nos que todos os princípios de Direito, ao menos de Direito Público, são princípios com fundamentos políticos. Não é o Direito Natural, também (e tão-só), fruto de uma evolução da sociedade e de progressivas conquistas de civilização? – permita-se a pergunta. A propósito deste último ponto, *vd.* Baptista Machado, *Introdução ao Direito e ao Discurso Legitimador*, pp. 296 e ss., onde expõe «uma concepção hodierna de Direito Natural».

[70] Assim sublinhou, por exemplo, o Tribunal Constitucional (1.ª Secção), em Acórdão de 31.03.1992, Acórdão n.º 123/92, *Boletim do Ministério da Justiça*, n.º 415 (1992), p. 264: «[o] princípio da presunção de inocência, consagrado no artigo 32.º, n.º 2, da Constituição, para além de ser uma regra válida em matéria de prova (princípio *in dubio pro reo*), contém implicações ao nível do próprio estatuto ou da condição do arguido, em termos de tornar ilegítima a imposição de qualquer ónus ou a restrição de direitos que, de algum modo, representem e se traduzam numa antecipação da condenação». Assim também Germano Marques da Silva, *Curso de Processo Penal*, vol. I, p. 219.

[71] O Tribunal Constitucional (2.ª Secção), em Acórdão de 06.05.1993, Acórdão n.º 172/92, *Boletim do Ministério da Justiça*, n.º 427 (1993), p. 57, frisou o seguinte: «[o] processo penal de um Estado de direito há-de cumprir dois objectivos fundamentais: assegurar ao Estado a possibilidade de realização do seu *ius puniendi* e oferecer aos cidadãos as garantias necessárias para os proteger contra os abusos que possam cometer-se no exercício do poder punitivo, designadamente contra a possibilidade de uma sentença injusta».

[72] José Souto de Moura, "A Questão da Presunção de Inocência do Arguido", p. 35.

que concerne à sua responsabilidade pelos factos *sub judice*, sendo certo que o processo se destina a resolver esse estado de dúvida, em um sentido ou em outro, e determina a contenção, a suspensão e a negação de direitos do arguido, por comparação com os cidadãos não arguidos, em ordem a permitir a realização do processo e, assim, a dissipação do referido estado de dúvida. Ora, numa ordem jurídica assente na dignidade da pessoa humana e em princípios de liberdade e democracia, a presunção da inocência do arguido em processo penal terá também por função impor que a contenção, a suspensão e a negação de direitos do arguido (seja "dentro" do processo, seja "fora" dele) sejam o mais limitadas possível (quantitativa e qualitativamente) e que assumam um carácter transitório e reversível, de modo a assegurar que, uma vez alcançada uma decisão no sentido da inocência do arguido, aquelas contenção, suspensão e negação sofridas pelo arguido ao longo do processo se possam considerar "suportáveis". A este propósito, acompanhamos inteiramente o pensamento de José Souto de Moura[73]: «[c]omo bem apontou Carnelutti, a justiça humana é de tal modo precária, que não só faz sofrer as pessoas depois de condenadas, como as faz sofrer para se saber se hão-de ser condenadas. Ora, é em face desta realidade inelutável, mas nem por isso menos lamentável, que o princípio da presunção da inocência ganha nova luz. Até à decisão final, é sempre possível admitir a hipótese de absolvição. E se a absolvição ocorre por força de se ter afirmado a inocência do arguido, este tê-lo-ia sido sempre, antes do processo e durante o processo. Ora, os actos gravosos cometidos durante o processo contra o arguido, que se verificou depois estar inocente, surgirão como inadmissíveis, já que produziram uma lesão de interesses imerecida e irreversível. Lesão sofrida por alguém que em nada contribuiu para criar a situação de que foi vítima. Este pensamento parece ser suficiente para que o tratamento preferível durante o processo seja de inocência e não de culpabilidade».

E refira-se ainda, antes de prosseguirmos, que é a este respeito que avulta a questão da celeridade do processo[74], pois se, na vida do cidadão, o processo penal, por si e pelo que dele decorre, restringe, suspende e nega certos direi-

[73] "A Questão da Presunção de Inocência do Arguido", pp. 35 e 36. Optámos por transcrever (aqui como em outras partes do texto), extensamente, as palavras do autor (ou de outros), por considerarmos que expressam bem o nosso pensamento acerca da questão em apreço.
[74] Aliás, a ligação feita no citado n.º 2 do artigo 32.º da Constituição da República entre o princípio da presunção da inocência do arguido e a celeridade do processo é mais uma razão

tos do arguido enquanto cidadão, então esse estado de coisas, esse estado de exceção, deverá durar o menos possível (desde que asseguradas as garantias de defesa). Não podemos, pois, deixar de concluir que constitui uma importante dimensão do princípio da presunção da inocência do arguido a obrigatoriedade de realização do julgamento no mais curto prazo compatível com as garantias de defesa, sendo certo que a demora do processo penal, não só poderá acarretar restrições ilegítimas dos direitos do arguido, como também poderá retirar conteúdo útil ao princípio da presunção da inocência[75].

4. O exposto permite concluir que a presunção da inocência do arguido não é uma presunção em sentido técnico-jurídico, ou seja, não se trata de uma ilação «que a lei ou o julgador tira de um facto conhecido para firmar um facto desconhecido» (cfr. artigo 349.º do Código Civil)[76]. Como se compreende, não estamos na presença de uma inferência que se faz derivar de um facto real – até porque, à medida que o processo avança (e, sobretudo, à medida que se vencem as "barreiras" do inquérito e da instrução, com despachos de acusação e de pronúncia), mais provável é a hipótese de condenação e, assim, maior o convencimento da culpa (questão que adiante melhor se verá).

A presunção da inocência é, sim, um direito do arguido – e, por conseguinte (como todos os direitos), um comando[77] dirigido ao legislador ordinário, impondo-lhe que as normas penais não consagrem presunções de culpa e que não façam decorrer a responsabilidade penal de factos apenas presumidos[78]; impondo-lhe, em suma, que legisle no sentido de que não saia dimi-

que nos leva a concluir que não podemos limitar a incidência daquele princípio à matéria da prova.

[75] Assim, por exemplo, Gomes Canotilho e Vital Moreira, *Constituição da República Portuguesa – Anotada*, p. 204.

[76] Sobre as presunções, pode ver-se Oliveira Ascensão, *O Direito – Introdução e Teoria Geral*, p. 540, e Vaz Serra, "Provas (Direito Probatório Material)", pp. 180 e ss. Também sobre o conceito de presunção e sobre a presunção no processo penal, pode ver-se Bettiol, "Presunzioni ed Onere della Prova nel Processo Penale".

[77] Alguns autores falam de «injunção de tratamento do arguido como inocente» e outros de «ficção de inocência»; a este respeito, *vd.* José Souto de Moura, "A Questão da Presunção de Inocência do Arguido", pp. 38 e 39.

[78] Interessante e significativa, a este respeito, é, por exemplo, a já referenciada (*supra*, nota 50) discussão à volta do artigo 169.º do Código de Processo Penal de 1929, com a entrada em vigor da Constituição de 1976.

nuído, direta ou indiretamente[79], o princípio da presunção da inocência do arguido (com o alcance acima apontado); e um comando dirigido aos sujeitos processuais penais cujas esferas tanjam a esfera do arguido. O direito a ser presumido inocente e, por isso, a ser tratado e considerado como tal ao longo do processo – "fora" do processo e "dentro" do processo –, vendo a contenção, a restrição e a negação dos seus direitos de cidadão terem o alcance mais restrito possível (qualitativa e quantitativamente) e o direito a não ser titular de um ónus de prova, a beneficiar de um princípio *in dubio pro reo* e a não ser um mero objeto de prova, mas sim um livre contraditor do acusador, com armas iguais às dele[80].

5. No presente trabalho, propusémo-nos estudar, a propósito da incidência do princípio da presunção da inocência do arguido na fase do julgamento, à luz do atual processo penal português, os seguintes problemas: a unidade dos autos e o saneamento do processo; a receção da acusação pelo tribunal de julgamento; o conhecimento dos antecedentes criminais do arguido no início da audiência de julgamento. Ora, o estudo desses problemas implicará que tenhamos em atenção, sobretudo, as consequências do princípio da presunção da inocência do arguido em matéria de prova, pois é, fundamentalmente, a esse nível que, a nosso ver, tais problemas podem implicar uma violação daquele princípio na fase do julgamento. Assim, o facto de, em páginas que se seguem, irmos dar relevância, quase exclusivamente, ao primeiro campo de incidência do princípio em apreço que assinalámos nesta segunda parte do presente trabalho, não significa que, afinal – e pondo em causa o que atrás dissémos –, consideremos que é apenas nele que o mesmo princípio se realiza. Significa tão-só que o objeto que nos propusémos estudar reclama que se leve em conta tal campo, e não tanto a questão da incidência do princípio da presunção da inocência no que toca ao estatuto e ao tratamento do arguido, "no" processo penal e "fora" dele[81].

[79] Adiante melhor se compreenderá porque frisamos o facto de essa diminuição poder ser direta ou indireta.

[80] O direito também a beneficiar dos demais corolários do princípio da presunção da inocência – *vd.* a nota 40.

[81] Questão que assumiria toda a relevância – e sem prejuízo de considerar também questões de prova – se para objeto deste trabalho tivéssemos escolhido as medidas de coação e o princípio da presunção da inocência (*vd. supra*, I-2).

6. Dissémos já, repetidas vezes, que, neste trabalho, nos propomos refletir acerca de alguns problemas atinentes à fase do julgamento, no atual processo penal português, no que respeita à sua relação com o princípio da presunção da inocência do arguido. Dissémos já também que essa reflexão levar-nos-á a tomar em consideração, sobretudo, a incidência que aquele princípio tem em matéria de prova. Ora, se assim é – e se dissémos que o princípio da presunção da inocência constitui um direito do arguido (com o alcance que assinalámos) e, *ipso facto*, um comando dirigido ao legislador e aos sujeitos processuais cujas esferas tangem, de alguma forma, a esfera do arguido – forçoso é considerar que a reflexão a que nos propomos neste trabalho obriga a que tenhamos particularmente em atenção o *dominus* da fase do julgamento, ou seja, o juiz de julgamento, pois é a ele que cabe apreciar a prova, formar uma convicção e, a final, decidir, pela absolvição ou pela condenação do arguido – e que o tenhamos em atenção, quer por via das normas processuais penais que dirigem a sua atividade, quer por via dos seus procedimentos.

Impõe-se, pois, que – antes de entrar na análise dos referidos problemas atinentes à fase do julgamento no atual processo penal português relativamente à sua relação com o princípio da presunção da inocência do arguido – teçamos algumas considerações sobre a decisão judicial, sobre os mecanismos de aplicação do direito no caso concreto, pois é para a decisão judicial que a fase do julgamento (e, afinal, todo o processo) se orienta, é ela o culminar do processo (do processo penal, no caso que agora nos ocupa), é nela que se revela o que se passou ao longo do processo. É o que faremos de seguida, sob o título – que antecipa as conclusões – de «a decisão judicial (em especial o problema da "pré-compreensão" na decisão judicial[82])».

[82] Problema que é uma aquisição definitiva na metodologia jurídica contemporânea, podemos dizer, desde já. Assim, por exemplo, Karl Larenz, *Metodologia da Ciência do Direito*, *maxime* pp. 242 e ss., também, entre outras, pp. 161 e ss. e 353 e ss., Castanheira Neves, "Interpretação Jurídica", pp. 665-667, João Baptista Machado, *Introdução ao Direito e ao Discurso Legitimador*, pp. 205 e ss., Miguel Nuno Pedrosa Machado, "O Princípio *In Dubio pro Reo* e o Novo Código de Processo Penal", pp. 588-589, e Menezes Cordeiro, *Introdução à Edição Portuguesa da Obra de Claus-Wilhelm Canaris, Pensamento Sistemático e Conceito de Sistema na Ciência do Direito*, nomeadamente pp. LIII e ss. e CI e ss.; aliás, a referida obra de Canaris não deixa de ter interesse para esta matéria, nomeadamente quando se interessa pela obtenção do Direito, mas também através de toda a sua (rica) abordagem do conceito de sistema e do pensamento sistemático.

III

A decisão judicial (em especial a questão da "pré-compreensão" na decisão judicial)

1. O pensamento jurídico relativo à decisão judicial, relativo à obtenção do Direito no caso concreto, tem sido marcado pelo modelo explicativo, de matriz aristotélico-escolástica e de cunho lógico-subsuntivo, do silogismo judiciário. Contudo, não podemos hoje ignorar, relativamente a esta matéria, as tendências mais recentes do pensamento jurídico[83], onde avulta o pensamento dos autores que se filiam no que podemos chamar "hermenêutica existencial".

Partindo da noção de que o conhecimento é sempre situado e vinculado à historicidade do intérprete (ao seu "ser-aí"/*Dasein*[84]), que não é um "ego puro", mas intersubjetivamente determinado, autores como Martin Heidegger[85], Hans Gadamer[86] e Arthur Kaufmann[87], entre outros, chegam à noção, que é central na "hermenêutica existencial", de "círculo

[83] Expressivas, a este respeito, são as palavras de Figueiredo Dias e Costa Andrade, em *Criminologia: o Homem Delinquente e a Sociedade Criminógena*, a pp. 510: «[a]s mais recentes orientações de metodologia jurídica puseram irreversivelmente em crise o postulado da subsunção lógico-mecanicista das expressões da vida nas previsões abstractas da lei, considerada esta como um dado consistente e unívoco».

[84] *Dasein* é um termo cunhado por Martin Heidegger, correspondendo a uma ideia que é central no seu pensamento. A tradução de *Dasein* para a língua portuguesa não tem sido unânime. A este respeito, *vd.* "Notas Explicativas" de Márcia de Sá Cavalcante, em *Ser e Tempo*, de Martin Heidegger, parte I, pp. 309 e ss.; *Dasein* aparece aí traduzido por "pre-sença", sendo também comum a sua tradução por "existência".

[85] Cfr., sobretudo, *Ser e Tempo*.

[86] Cfr., sobretudo, *Wahrheit und Methode*.

[87] Cfr., sobretudo, *Analogie und "Natur der Sache"* e *Rechtsphilosophie im Wandel*. Sobre o pensamento de Arthur Kaufmann, *vd.* José Lamego, *Hermenêutica e Jurisprudência (Análise de uma "Recepção")*, pp. 203-209.

hermenêutico". Querem com isso, em síntese, dizer que, num processo de conhecimento, o objeto, que não é algo "exterior" ao sujeito, é por este, de alguma forma, "(re)construído", com base no conhecimento vivencial, implícito, pré-predicativo desse sujeito. Conhecer é, assim, um fenómeno condicionado pelo "estar-no-mundo" do sujeito. A relação do intérprete com a coisa ocorre sempre no contexto de uma determinada situação, no contexto de um "círculo" de vivências e de linguagem. O objeto só existe enquanto em relação com um dado sujeito, e este não se limita a apreender o seu sentido, mas "acrescenta-lhe sentido", ou seja, cada sujeito "recria", em função da sua singularidade existencial, um dado objeto.

Ora, esse "estar-no-mundo" determina também que o sujeito, quando chega ao conhecimento do objeto, traga já (digamos assim, simplificadamente) uma antecipação de sentido, uma "pré-compreensão" desse mesmo objeto, a qual é determinada, por um lado, pela sua experiência, pela sua *praxis*[88], e, por outro lado, pelo primeiro contacto que teve com o mesmo objeto. No que diz respeito à decisão judicial, isto significa que, em face do caso, em face do *thema decidenduum*, a "pré-compreensão" do mesmo, isto é, aquilo que num primeiro contacto (e sob a decisiva influência da experiência do julgador, do "seu mundo") é prefigurado como sendo a "decisão justa", determina a compreensão e a valoração dos factos, a heurística e a hermenêutica da norma e, assim, a decisão final. No momento da decisão, o juiz está condicionado pelos primeiros juízos que formou, anteriores à conclusão da audiência de julgamento, juízos ditados pela sua relação – singular e determinada pelo seu "estar-no-mundo" (Heidegger) – com o caso trazido a julgamento; caso esse que é um "caso da vida"[89]. A forma como, depois

[88] Usa-se aqui o termo *praxis* com o seu sentido clássico, como "experiência de vida" (se assim nos podemos exprimir), não com o sentido específico (e mais restrito) que tem, por exemplo, na filosofia marxista, onde designa a relação dialética entre o homem e a natureza, na qual o homem, ao transformar a natureza com o seu trabalho, se transforma a si mesmo.

[89] Diz-nos Castanheira Neves (*Sumários de Processo Criminal*, pp. 51 e 52): «[q]uanto à "verdade" que aqui se visa, devemos ter em conta que ela tem a ver com a realidade da vida, com a acção humana e as circunstâncias do mundo humano, pois a verdade que importa ao direito (e, assim, ao processo) não poderá ser outra senão a que traduza uma determinação humanamente objectiva de uma realidade humana. É ela, pois, uma verdade histórico-prática. A sua modalidade não é a de um juízo teorético, mas a daquela vivência de certeza em que na existência, na vida, se afirma a realidade das situações, com tudo o que nestas de material e de espiritual participa».

desse primeiro momento de contacto com o caso "*sub judice*", os factos são interpretados pelo juiz e o modo como a norma é interpretada e relacionada com os factos são condicionados por essa "pré-compreensão" (e pela experiência pessoal/existência do juiz[90]).

Ao contrário do modelo do silogismo[91], que consubstancia um tipo de racionalidade que atuaria *per modum conclusionum* (para usar os termos aquinianos), ou seja, inferindo as conclusões a partir dos princípios, o modelo do "círculo hermenêutico" consubstancia um tipo de racionalidade que atuaria *per modum determinationis* (uma vez mais, os termos aquinianos), especificando os princípios em relação com o caso concreto, coordenando o geral e o particular em termos que não seriam os de uma subsunção, mas de uma "assimilação" – fazendo aquilo que KARL ENGISCH[92] já sugeria através da metáfora do "ir e vir de perspetiva entre o facto e a norma". O processo de argumentação jurídica – como já HERBERT HART[93] procurava demonstrar no princípio dos anos 60 deste século – não consiste, pois, em aplicar as leis gerais a um caso particular, mas em "construir" de cada vez decisões com referência única, sendo cada caso concreto a realização de uma possibilidade da norma – norma essa que, de cada vez que é interpretada e aplicada, sofre um aditamento de sentido, ou, por outras palavras, uma reconstituição e um enriquecimento. O caminho não é, pois, da norma para o facto ou do facto para a norma, mas sucessivamente nos dois sentidos – e de ambos para o sujeito (e o seu "mundo") e vice-versa –, dando lugar ao que se pode apelidar de "tensão dialética". Sujeito e objeto são, ao fim e ao cabo, elementos interativos no trajeto do seu próprio conhecimento.

[90] Ignorar isto equivale a ignorar, em primeira linha – e sem necessidade de aderirmos à "hermenêutica existencial", bastando-nos ouvir o que nos diz o bom senso e (*et pour cause*) a nossa própria experiência –, a condição humana do julgador.

[91] Ainda apegado à ideia do silogismo, CAVALEIRO DE FERREIRA, afirma (*Curso de Processo Penal*, vol. II, p. 271): «[a] sentença é o resultado de um silogismo cujas premissas nos são dadas pela determinação dos factos que constituem o objecto do processo e pela determinação da lei penal aplicável a esses factos: decisão em matéria de facto, e decisão em matéria de direito».

[92] Citado em JOSÉ LAMEGO, *Hermenêutica e Jurisprudência (Análise de uma "Recepção")*, p. 154. Note-se, contudo, que KARL ENGISCH ainda situa o seu pensamento, fundamentalmente, no campo do modelo subsuntivo; veja-se, por exemplo, o seu *Introdução ao Pensamento Jurídico*, *maxime* pp. 75 e ss.

[93] *Vd. O Conceito de Direito*, *maxime* pp. 137 e ss.

Diga-se, *a latere*, que, neste século, também se tem sublinhado a complexidade da relação sujeito-objeto no campo das ciência ditas "naturais", sobretudo a partir da formulação da teoria da relatividade (ou melhor, das teorias da relatividade, restrita e generalizada) de Einstein e da emergência da mecânica quântica, que evidenciaram – sobretudo esta última – que existe uma interferência estrutural do sujeito no objeto observado. Heisenberg e Bohr, por exemplo, demonstraram que não é possível fazer uma observação ou uma medição de um objeto, sem o alterar, sem nele interferir, e de tal modo que o objeto que sai de um processo de observação ou medição não é já o mesmo que lá entrou. Ora, daqui resulta, entre outras consequências, o reconhecimento de que a distinção entre sujeito e objeto é muito mais complexa do que pode parecer, à primeira vista, deixando tal distinção de ser vista como algo dicotómico, deixando de se apontar para dois campos estanques e incomunicáveis, passando a ver-se tal relação como um *continuum*[94].

Porque é impossível ao intérprete desligar-se da sua *praxis* (por isso se fala no primado do "mundo-da-vida") e da sua personalidade, é-lhe impossível um conhecimento "livre", não condicionado pela "estrutura circular" em que se inscreve. A "pré-compreensão" que daí resulta é, portanto, inarredável. No estudo da questão da "pré-compreensão" na decisão judicial, devemos destacar o nome de Josef Esser e, sobretudo, a sua obra *Vorverständnis und Methodenwahl in der Rechtsfindung*[95]. Numa tentativa de resumir o seu complexo pensamento, relativo a esta questão[96], podemos dizer que ESSER fala de *Vorverständnis*, pelo menos, em três aceções: como antecipação de sentido, isto é, em termos a que poderemos chamar gnoseológicos; como determinações psicológicas ou sociológicas que guiam o juiz no seu procedimento de resolução de casos, ou seja, em termos do que se poderá

[94] A este respeito – e a respeito da problemática da crise do paradigma científico dominante desde o século XVI e da emergência de um novo paradigma científico (e social) – *vd.* Boaventura de Sousa Santos, *Um Discurso sobre as Ciências*. Afirma este autor, a pp. 52 da obra citada: «[p]arafraseando Clausewitz, podemos afirmar hoje que o objecto é a continuação do sujeito por outros meios». Mesmo que não cheguemos tão longe como o citado autor, é forçoso reconhecer o papel criador do sujeito no conhecimento.

[95] *Vorverständnis und Methodenwahl in der Rechtsfindung. Rationalitätsgrundlagen richterlicher Entscheidungspraxis*, cuja 1.ª ed. é de 1970.

[96] Sobre a questão da "pré-compreensão" no pensamento de Esser, para além das suas obras, naturalmente, pode ver-se, por todos, José Lamego, *Hermenêutica e Jurisprudência (Análise de uma "Recepção")*, pp. 211-216.

designar por uma "sociologia da atividade judicial"; por último, como valorações prévias (*Vorbewertunger*) e provisórias do caso a decidir, que influenciam mesmo a heurística e a hermenêutica da norma aplicável. Estas três aceções do termo *Vorverständnis* na obra de ESSER apontam no sentido comum de que a obtenção do Direito no caso concreto não se funda, afinal, em procedimentos *jure stricto*[97] como já atrás se disse, usando a terminologia aquiniana –, formando o julgador uma "convicção de justeza" (*Richtigkeitsüberzeugung*) sobre a decisão a assumir, sendo certo, por outro lado, que a racionalidade da decisão engloba uma dimensão de "controlo de justeza" (*Richtigkeitskontrolle*) – questão que adiante melhor se verá, quando tratarmos da motivação da decisão.

Ainda que represente o fim do mito da objetividade – na sua configuração tradicional –, assentando numa ideia de subjetividade e relatividade, o fenómeno da "pré-compreensão" é visto, pelos autores da "hermenêutica existencial", como um momento positivo e, mais do que isso, inevitável e intrínseco à própria estrutura do conhecimento. Vemos, assim, abandonada a crença, do racionalismo pós-cartesiano, na inteleção pura; do que se trata é, não de inteleção, mas de convicção[98], integrada, sem dúvida, por um momento pessoal[99]. Vemos, assim, também abandonada a conceção tradicional da subjetividade como um elemento patológico no sistema de administração da Justiça.

[97] Avisadamente, ensina CASTANHEIRA NEVES ("Interpretação Jurídica", p. 696): «[n]estes termos, pôde Esser concluir que verdadeiramente "a norma de decisão não é pré-dada, mas constituída (Aufgegeben)" – Vorverständnis, cit., p. 132. Conclusão que desde Bülow (Gesetz und Richteramt, 1885) se anunciava e que a compreensão problemático-concreta e prático-normativa da realização do direito tornaria de todo evidente, porquanto a realização do direito com essa índole mostrava que o juízo decisório, invocando embora uma norma positiva como seu critério jurídico, não se cumpria na mera aplicação de uma norma inteiramente acabada ou de definitiva suficiência, mas se traduzia numa constitutiva "concretização" dessa norma – como um acto normativo-jurídico de desenvolvimento e integração da norma-critério».

[98] Já ensinava CAVALEIRO DE FERREIRA, *Curso de Processo Penal*, vol. I, p. 204: «[d]aqui deriva que a "demonstração da realidade" seja então equivalente à demonstração da verdade que o juízo humano pôde alcançar; a uma certeza, que pode ser uma opinião de certeza, ou seja, uma convicção».

[99] Assim, CASTANHEIRA NEVES, *Sumários de Processo Criminal*, p. 53.

2. Embora tenhamos citado, até agora, a propósito da questão que por ora nos ocupa, autores estrangeiros, não ignoramos que, entre nós – para além de se ter vindo a dar conta do pensamento daqueles autores estrangeiros e de outros[100] –, também se tem refletido sobre esta questão (embora talvez não se tenha daí tirado todas as consequências, como já afirmámos no capítulo introdutório deste trabalho), sendo de destacar, entre outros[101], os nomes de Menezes Cordeiro, José Lamego[102] e, sobretudo, Castanheira Neves.

Muito resumidamente, refira-se que este último autor centra o seu pensamento no campo do problema metodológico-jurídico e, para o que aqui nos interessa, no problema da distinção entre a questão-de-facto e a questão-de-direito, partindo de uma ideia de crise acerca do referido problema, porque «o pensamento jurídico não assume válida e autenticamente o problema ou porque se ocupa dele de um modo que simplesmente o oculta, ou porque injustificadamente pensa tê-lo ultrapassado»[103], e intenta, mais do que o seu esclarecimento, a «reposição do problema»[104] – até porque, além do mais, o problema da distinção entre "o facto" e "o direito" tem sido colocado no campo do modelo explicativo da decisão judicial, de cunho lógico-subsuntivo, do silogismo judiciário, modelo esse que cabe abandonar[105] e do qual Castanheira Neves se ocupa longamente, na sua dissertação de doutora-

[100] *Vd.* a nota 82 e *vd.* também, por exemplo, as obras de José Lamego citadas neste trabalho (designadamente na nota 102 e, a final, na bibliografia), entre outras.

[101] João Baptista Machado, Fernando José Bronze, Miguel Nuno Pedrosa Machado, por exemplo, para só citar alguns de que nos lembramos, ao correr da pena.

[102] Destaque-se, de Menezes Cordeiro, "Tendências Actuais da Interpretação da Lei: do Juiz-autómato aos Modelos de Decisão Jurídica", para além da já citada *Introdução à Edição Portuguesa da Obra de Claus-Wilhelm Canaris, Pensamento Sistemático e Conceito de Sistema na Ciência do Direito*; de José Lamego, cumpre referir, pelo menos, as seguintes obras: "Razão e Argumentação (A Decisão Racional no Direito e na Política. Parte A. A Fundamentação Racional das Normas)", "Hermenêutica e Jusriprudência (O Alcance da Recepção da Hermenêutica Filosófica para uma Concepção da 'Jurisprudência de Valoração')", "Fundamentação 'Material' e Justiça da Decisão (A Meta de Decisões 'Materialmente Justas' e os seus Limites)" e *Hermenêutica e Jurisprudência (Análise de uma "Recepção")*.

[103] Castanheira Neves, na sua dissertação de doutoramento, *Questão-de-Facto – Questão-de-Direito ou o Problema Metodológico da Juridicidade – I*, A Crise, a pp. 86. Importa também ter em conta, sobre estas questões, entre outras, as obras do autor "Metodologia Jurídica (Problemas Fundamentais)" e "Interpretação Jurídica".

[104] *Ibidem*, p. 87.

[105] *Vd. supra*, 1.

mento[106] (designadamente no seu Título I), procurando demonstrar a sua invalidade metodológica. Naturalmente, aqui não pretendemos dar conta do pensamento do autor em todo o seu alcance, em todas as suas implicações (até porque o não conseguiríamos, provavelmente). Tentaremos apenas enunciar (de modo muito genérico) os traços, a nosso ver, centrais desse pensamento, especialmente aqueles que poderão ter mais interesse para a matéria que nos propusémos tratar neste trabalho.

Muito esquematicamente, CASTANHEIRA NEVES entende que o caso *sub judice* põe um problema jurídico (de Direito) em uma certa situação histórico-social, sendo certo que a solução desse caso passa pela solução da questão-de-facto e da questão-de-direito que ele levanta.

Ora, para CASTANHEIRA NEVES a questão-de-facto comporta dois momentos fundamentais. Em primeiro lugar, a determinação do âmbito de relevância jurídica a reconhecer à situação histórico-concreta problemática, ou seja, trata-se de delimitar e de determinar, na globalidade da situação histórica em que o problema jurídico concreto se situa, o âmbito e o conteúdo da relevância jurídica dessa situação problemática. E este é, precisamente, o campo daquilo a que acima chamámos "pré-compreensão", o campo da antecipação de sentido, da intuição de uma relevância jurídica do caso; momento indispensável para prosseguir, como também já se viu. Em segundo lugar, a comprovação dos elementos específicos dessa relevância e dos seus efeitos. Aqui, fundamentalmente, o problema da prova, o problema da verdade jurídica como verdade prática. Mas não se trata, como nas conceções tradicionais, da prova de factos puros, mas da comprovação de que o problema jurídico – já antecipado e "pré-compreendido", no momento anterior –, como problema prático, existe, ou seja, tem fundamento fáctico.

Quanto à questão-de-direito, para o autor em causa, temos, muito resumidamente, uma análise que distingue: a questão-de-direito em abstrato, que tem por objeto a determinação do critério jurídico que haverá de orientar e concorrer para fundamentar a solução jurídica do caso a decidir; a questão-de-direito em concreto, que diz respeito ao problema do próprio juízo concreto que há-de decidir o caso *sub judice*.

De uma certa forma, a questão-de-direito em concreto comporta uma comprovação (ou não) da questão-de-facto no primeiro dos seus sentidos

[106] *Vd.* a nota 103.

acima apontados. Podemos, pois, falar, à maneira de KARL ENGISCH[107], de um "ir e vir de perspetiva entre o facto e a norma". Na verdade, a questão-de-facto determina a questão-de-direito, mas esta, na sua vertente abstrata, determina a questão-de-facto, *maxime* no seu primeiro momento. Ou, por outras palavras, por ordem lógica e cronológica: questão-de-facto no primeiro sentido acima apontado e questão-de-direito em sentido abstrato; questão-de-facto no segundo sentido apontado; por fim, questão-de-direito em concreto.

Correspondendo a questão-de-direito em abstrato à escolha da norma aplicável[108], a norma aplicável mais não é do que uma hipótese de solução do caso concreto, uma antecipação ou projeto de solução, que na questão-de-direito em concreto se submeterá a uma verdadeira experimentação metodológica. A norma aplicável é, desta sorte, um elemento normativamente dinâmico e aberto – aberto à problematização da questão-de-direito concreta para que remete[109].

Quanto à questão-de-direito em concreto – ou juízo decisório – CASTANHEIRA NEVES considera que ela pode ser resolvida de duas formas: ou através da mediação da norma, se foi encontrada no sistema jurídico uma norma aplicável; ou por autónoma constituição normativa, se não foi encontrada no sistema jurídico uma norma aplicável.

Se a resolução da questão-de-direito em concreto por autónoma constituição normativa é o campo, por excelência, entre outras, das questões das lacunas e da analogia[110] – e, em última análise, dos limites da juridicidade –,

[107] *Vd.* a nota 92.

[108] Usamos aqui o termo querendo significar todo o conjunto de normas convocadas para o caso *sub judice*.

[109] Em "Metodologia Jurídica (Problemas Fundamentais)", a pp. 171, CASTANHEIRA NEVES acentua «[...] a necessidade de um acto autónomo de juízo, de uma autónoma (autonomamente assumida) intenção de juridicidade chamada a fazer o corte jurídico na continuidade, sem limites em si, da individualidade real, pelo qual se venha a separar a relevância da irrelevância jurídicas, individualizando e circunscrevendo ao mesmo tempo o caso concreto decidendo». Citem-se também estas suas palavras (em "Interpretação Jurídica", p. 653): «[...] igualmente se reconhecerá que a norma só vem a ser interpretativamente determinada através da concreta resolução dos problemas jurídicos que nela se fundamente ou que a invoque como seu critério – "a interpretação é o resultado do seu resultado" (Radbruch) –, pelo que também se falará de um específico círculo metodológico, análogo ao "círculo hermenêutico" em geral».

[110] Questões que nos dispensamos aqui de tratar, remetendo, por todos, e para uma teoria geral, para JOSÉ DE OLIVEIRA ASCENSÃO, *O Direito – Introdução e Teoria Geral*, pp. 419 e ss., e

importa reter que, segundo o pensamento de CASTANHEIRA NEVES, a resolução da questão-de-direito em concreto por mediação da norma comporta três "momentos" ou "passos", a saber: um primeiro "momento", que corresponde à confrontação entre a norma-critério e o caso a decidir, com vista à assimilação (total ou parcial) ou à não assimilação entre uma e outro; um segundo "momento", que corresponde à reponderação da problemática e da normatividade da norma, perante o caso concreto, na sua especificidade (podemos falar em especificação teleológica) – "momento" em que, além do mais, são convocados os ensinamentos da doutrina e da jurisprudência; por fim, um terceiro "momento", em que se faz apelo aos fundamentos de validade sistemática, aos princípios normativos, aos fundamentos regulativo-constitutivos do sistema, que são os fundamentos da normativa juridicidade do sistema.

Pode, pois, dizer-se, em jeito de conclusão, a propósito do pensamento de CASTANHEIRA NEVES com relevância para a matéria que nos ocupa – pensamento de que tão resumidamente demos conta –, que o autor ensaia, afinal, uma explicação do proceder jurídico que nos leva a concluir que – nas suas expressivas palavras[111] – «se a concreta realização do direito não deve entender-se em termos tão-só político-sociais que eliminem a especificidade e autonomia da normatividade jurídica enquanto tal, também essa realização se não reduz a uma formal e lógica dedução normativa de que fosse alheia uma intencionalidade normativo-material e de justeza problemático-concreta».

3. Tudo o que acima se disse não significa, de nenhum modo, que à decisão judicial presida o arbítrio ou a discricionariedade, no sentido de voluntarismo e individualismo acrítico, ou a mais pura subjetividade, no sentido de uma interpretação do facto trazido a julgamento desligada de um esforço de objetividade, objetividade enquanto atribuição de um sentido suscetível de ser comummente reconhecido. Até porque se impõe ao juiz a obrigação de motivar a decisão, sendo certo que a motivação das decisões judiciais se

JOÃO BAPTISTA MACHADO, *Introdução ao Direito e ao Discurso Legitimador*, *maxime* pp. 192 e ss. Pode também ver-se o trabalho de MÁRIO BIGOTTE CHORÃO, "Integração de Lacunas", *in Polis – Enciclopédia Verbo da Sociedade e do Estado*, vol. 3, pp. 591-618.

[111] "Metodologia Jurídica ...", p. 197.

destina, em primeira linha[112], a excluir o carácter voluntarístico, emocional ou arbitrário das decisões judiciais, tornando-as capazes de se imporem à comunidade jurídica. O que se pretende é salientar a dimensão criadora da função do juiz[113]. Como sublinha LABORINHO LÚCIO[114], «aquela dimensão criadora é hoje dificilmente questionável, surgindo no panorama judiciário actual a figura do juiz-simples-servidor-da-lei como verdadeira e perigosa ficção». E prossegue aquele autor[115]: «[t]udo está, portanto, não em aceitar,

[112] Destina-se igualmente a torná-las intelegíveis e, assim, sindicáveis, por via do instituto do recurso. O Acórdão do Supremo Tribunal de Justiça de 18.12.1991, *Boletim do Ministério da Justiça*, n.º 412 (1992), p. 383, resumiu de modo feliz, a nosso ver, a dupla função da motivação das decisões judiciais, dizendo: «A fundamentação ou motivação deve ser tal que, intraprocessualmente, permita aos sujeitos processuais e ao tribunal superar o exame do processo lógico ou racional, que lhes subjaz, pela via de recurso, conforme impõe inequivocamente o artigo 410.º, n.º 2, do Código de Processo Penal; e extraprocessualmente, a fundamentação deve assegurar, pelo conteúdo, um respeito efectivo pelo princípio da legalidade na sentença e na própria independência e imparcialidade dos juizes, uma vez que os destinatários da decisão não são apenas os sujeitos processuais mas a própria sociedade». Assim também, por exemplo, embora de modo não tão expressivo, entre outros, o Acórdão do Supremo Tribunal de Justiça de 09.12.1987, *Boletim do Ministério da Justiça*, n.º 372 (1988), p. 369. Veja-se também o Acórdão do Tribunal Constitucional (1.ª Secção) de 12.10.1988, n.º 207/88, *Boletim do Ministério da Justiça*, n.º 380 (1988), p. 157.

[113] A este respeito, diz EDUARDO MAIA COSTA ("Tribunais: Independência e Legitimidade", p. 127): «[...] ultrapassada a óptica do positivismo jurídico, que via no juiz a "boca" do legislador, sabemos hoje que a interpretação e aplicação da lei (em sentido lato) exige e traduz-se numa série de juízos e opções que escapam a uma lógica dedutivista e que envolvem a subjectividade, a mundividência e a cultura do magistrado. A aplicação da lei pressupõe sempre um mínimo de criatividade por parte do magistrado (ainda que cingida aos parâmetros estabelecidos pelo orgão legislativo); ele não é nunca um mero executor da vontade do legislador (embora se mova dentro dos limites que este define)». Perdeu hoje o sentido a célebre expressão de BACON, em *Essay of Judicature*: «Os juizes devem lembrar-se que a sua função é *ius dicere*, e não *ius dare*». – citado por GLANVILLE WILLIAMS, "O Desenvolvimento da Lei Penal por Via Judicial", p. 67. Significativas são também as seguintes palavras de CASTANHEIRA NEVES (em "Interpretação Jurídica", p. 656): «[o] princípio da legalidade e a obediência à lei deixaram de pensar-se em sentido meramente formal, para adquirirem também um sentido e uma intencionalidade materiais, ou em termos de essa obediência verdadeiramente significar, não simples e acrítica obediência à lei, mas antes obediência ao direito, e enquanto este se distingue da lei e se impõe para além e acima da lei [...]».

[114] A pp. 208 de "*Subjectividade e Motivação no Novo Processo Penal Português*", obra onde elenca "espaços de subjectividade" do juiz penal, à face da nossa atual ordem jurídica.

[115] *Ibidem.*

ou deixar de aceitar, o seu perfil criador, mas antes em torná-lo evidente e portanto criticável, em vez de o manter oculto e, por isso, insindicável».

E é aqui, precisamente, que assume particular importância a motivação da decisão judicial. Motivação e não demonstração, como muito justamente refere CASTANHEIRA NEVES[116], pois – como já se viu – é de convicção que se trata, não de inteleção. Não assenta, ao fim e ao cabo, a legitimidade dos tribunais, a par da sua independência e da sua vinculação à lei, na sua "vinculação à sociedade"?[117] Objetividade, neste âmbito, será sempre a capacidade para se impor aos outros. Ou seja, a motivação busca a adesão à decisão, o seu reconhecimento, a sua aceitação, por parte da comunidade jurídica. Trata-se de persuasão e de razoabilidade. Trata-se, afinal, de uma "jurisprudência convincente". O que também releva do reconhecimento de que todo e qualquer sistema social é um sistema de comunicação com um específico sentido[118], sendo os processos judiciais (micro-)sistemas sociais, o que implica que sejam constituídos por um nexo (auto-referencial) de comunicações entre sujeitos, quer do ponto de vista intraprocessual, quer do ponto de vista extraprocessual (digamos assim). Cada processo penal é, pois, um sistema de comunicação, que visa responder a uma concreta questão jurídico-penal.

À motivação das decisões caberá, de um outro ponto de vista, a função de não permitir que a subjetividade (nos termos acima expostos) degenere em voluntarismo, individualismo ou arbítrio[119]. O tribunal tem que motivar porque, no que respeita à questão-de-facto[120], tem liberdade para se conven-

[116] *Sumários de Processo Criminal*, p. 53.

[117] A este respeito, ainda que centrando a ideia de "vinculação dos tribunais à sociedade" em questões que não a motivação das decisões, *vd.* EDUARDO MAIA COSTA, "Tribunais: Independência e Legitimidade", pp. 127 e ss.

[118] Esta é talvez a mais importante linha de força da obra de NIKLAS LUHMANN, devendo destacar-se, a este respeito, o seu livro *Social Systems.*

[119] Assim, por exemplo, FIGUEIREDO DIAS, citado *Direito Processual Penal*, vol. I, pp. 202-205.

[120] O artigo 374.º do Código de Processo Penal impõe claramente a motivação da decisão quanto à questão-de-facto. Ultrapassada está, pois, a antiga discussão sobre este ponto, acerca da qual se pode ver, por exemplo, RODRIGO SANTIAGO, "Sobre o Dever de Motivação das Respostas aos Quesitos em Processo Penal" (Anotação ao Acórdão do Tribunal da Relação de Coimbra de 15.12.1982) e o Acórdão do Tribunal Constitucional (1.ª Secção) de 12.10.1988, n.º 207/88, *Boletim do Ministério da Justiça*, n.º 380 (1988), p. 157; veja-se também a jurisprudência e a doutrina citadas nos mencionados trabalho e aresto e ainda FIGUEIREDO DIAS, *Direito Processual Penal*, vol. I, pp. 205-206.

cer em um sentido ou em outro, e também porque a atividade hermenêutica implica, como vimos, um momento criador. A decisão tem que ser motivada, porque não é inteiramente vinculada, nem inteiramente livre. Como bem salienta Germano Marques da Silva[121], a fundamentação «é ainda um importante meio para obrigar a autoridade decidente a ponderar os motivos de facto e de direito da sua decisão, actuando por isso como meio de autocontrolo». Tudo isto, aliás, está subjacente, entre outros, aos artigos 208.º da Constituição da República e 97.º, n.º 4, 118.º, 123.º, 374.º, n.º 2, e 379.º, alínea a), do Código de Processo Penal.

Contudo, a motivação – pressuposto da validade da sentença, segundo dispõem os artigos 374.º e 379.º do Código de Processo Penal – não afasta o "pré-juízo". A exigência da motivação não faz com que um convencimento baseado numa leitura das provas (ou numa heurística ou hermenêutica da norma) orientada por "pré-juízos" não seja aceitável, do ponto de vista da motivação, pois, afinal, todos (ou muitos), naquele contexto, formulariam os mesmos "pré-juízos". Ou seja, tudo o que se afirmou sobre subjetividade e motivação em nada afasta o que também se afirmou quanto à questão da "pré-compreensão". Uma coisa é o mecanismo de obtenção da decisão, outra coisa é a motivação dessa decisão, que, desde logo, pode ou não explicitar o que determinou esta ou aquela escolha, esta ou aquela decisão[122]. Se há um "pré-juízo", antes do início da audiência de julgamento, ele influenciará a interpretação de tudo o que aí se passar, determinando a convicção do julgador, na apreciação da prova, e determinando também a interpretação do Direito. E a sua decisão, mesmo que explicite, em sede de motivação, o "pré-juízo" que lhe esteve na base[123], será, o mais das vezes, suscetível de aceitação

[121] *Curso de Processo Penal*, vol. II, pp. 16-17.

[122] Note-se como o n.º 2 do artigo 374.º do Código de Processo Penal é "elástico" (permita-se a expressão) quanto ao alcance da motivação. Sobre esta questão, é interessante a ideia de Niklas Luhmann (citado em Figueiredo Dias e Costa Andrade, *Criminologia: o Homem Delinquente e a Sociedade Criminógena*, pp. 504 e ss., *maxime* p. 507, referindo-se, fundamentalmente, à obra daquele autor *Legitimation durch Verfahren*) de que as razões reais das decisões (experiências pessoais do juiz, estatuto diferenciado dos intervenientes processuais, por exemplo; e, podemos acrescentar, entre outros, antecedentes sociais e criminais, estereótipos, crenças) não são levadas à discussão, nem aparecem na motivação formal da decisão.

[123] Em bom rigor, devia sempre ser explicitado, já que a decisão penal, para além da expressão clara dos factos e dos fundamentos de direito que estiveram na base da decisão, deve também enunciar os meios probatórios que levaram a entidade decidente a decidir como decidiu e,

e reconhecimento por parte da comunidade, pois esse "pré-juízo" decorre, em toda a linha, do "círculo" de vivências e de linguagem do julgador, da condição humana e social do julgador, afinal, condição comum aos demais (a muitos, ao menos) elementos da comunidade[124] – e, assim, aos demais participantes processuais[125]. Presentes em uma sala de audiências – permita-se a interrogação –, de um tribunal criminal, seja como participantes processuais (em sentido amplo), seja como assistentes, não formularemos todos (ou muitos) um "(pré-)juízo" semelhante, ao ouvirmos, por exemplo, a narração do passado criminal do arguido e, seguidamente, a narração da acusação contra ele proferida?...

4. Cumpre, pois, concluir que a aplicação do Direito ao caso concreto (ou, em coerência com o que em cima fica dito, talvez devamos dizer, melhor, a realização do Direito) pressupõe sempre o papel criador do juiz e que a "pré-compreensão" é um elemento incontornável da decisão judicial, como de todo o fenómeno de conhecimento. Razão pela qual devemos afastar todos os elementos que possam viciar ou orientar numa certa direção essa "antecipação de sentido" do binómio caso-norma, devemos procurar afastar todos «os meios de orientação do juízo do julgador»[126], pugnando pela "pureza" desse juízo, entendendo essa "pureza", não como total (e impossível e indesejável, já se viu) alheamento do mundo, mas como alheamento relativamente ao processo anterior à fase do julgamento e relativamente à

bem assim, as regras da experiência, a lógica ou a razão em função das quais pelas provas produzidas se julgaram provados os factos com base nos quais se decidiu. Ou seja, em sede de motivação, cumpre, não só explicitar os elementos de prova em que a decisão se baseou, mas também o *iter* formativo da convicção. Assim, por exemplo, GERMANO MARQUES DA SILVA, *Curso de Processo Penal*, vol. II, pp. 112 e ss. – ver também o vol. III, p. 290.

[124] A pp. 54 do seu citado *Sumários de Processo Criminal*, CASTANHEIRA NEVES refere-se ao juiz como «um observador razoável e experiente da vida», como um «juiz normal (com a cultura e experiência da vida e dos homens que deve pressupor-se num juiz chamado a apreciar a actividade e os resultados probatórios)».

[125] Veja-se, por exemplo, as interessantes referências feitas em FIGUEIREDO DIAS e COSTA ANDRADE, *Criminologia: o Homem Delinquente e a Sociedade Criminógena*, pp. 512 e ss., aos trabalhos de SCHUMANN e WINTER sobre a "subcultura dos tribunais", comum aos vários participantes processuais.

[126] A expressão é de MARIA FERNANDA PALMA, em "A Constitucionalidade do Artigo 342.º do Código de Processo Penal (O Direito ao Silêncio do Arguido)", p. 103.

vida do arguido anterior e posterior aos factos em apreço, quando não relacionada com tais factos. Porque sabemos hoje que o momento da *applicatio* é o momento nuclear no Direito, seja este de filiação anglo-americana ou romano-germânica, devemos ter a preocupação de garantir, nesse momento mais do que em qualquer outro da construção do "edifício jurídico", que os valores essenciais que são os de um certo ordenamento num dado momento estejam presentes, sendo certo que o princípio da presunção da inocência do arguido (com o alcance que lhe apontámos), num quadro constitucional onde avultam a «dignidade da pessoa humana» (artigo 1.º) e o seu valor moral, bem como a preocupação com o «respeito e a garantia de efectivação dos direitos e liberdades fundamentais» (artigo 2.º), constituiu um pilar essencial do nosso Direito Processual Penal atual.

E, aqui chegados, fazemos inteiramente nossas e sublinhamos as palavras de Maria Fernanda Palma, quando afirma[127] que «não podemos afirmar a possibilidade de realização, na sociedade, de uma ideia, quando forem criadas, formalmente, condições de obstrução efectiva da mesma». Na verdade, e por outras palavras, não devemos pugnar apenas, para o que agora nos ocupa, pela ausência de meios que conduzam diretamente à diminuição do alcance de um dado princípio jurídico, mas também pela ausência de meios que indiretamente conduzam a essa mesma diminuição. Como bem lembra Maria Fernanda Palma[128] – referindo-se concretamente ao conceito de discriminação indireta que tem sido tratado pela jurisprudência comunitária –, é crescente a tendência comunitária para considerar como violações relevantes de determinados princípios condutas que só indiretamente os afetam, designadamente através da criação de obstáculos ao seu pleno desenvolvimento, à sua plena realização.

Cumpre, pois, averiguar se, na fase do julgamento, se no momento da *applicatio*, o referido princípio da presunção da inocência do arguido, à luz do atual processo penal português, se encontra salvaguardado. Ou se, ao invés, encontramos, na fase do julgamento, normas e procedimentos suscetíveis de pôr em causa tal princípio, direta ou indiretamente. Essa averiguação (limitada a algumas questões, como ficou já dito em I. *supra*) é o que tentaremos fazer de seguida, procurando ter presente o que até agora se escreveu

[127] "A Constitucionalidade do Artigo 342.º do Código de Processo Penal (O Direito ao Silêncio do Arguido)", p. 103.
[128] *Ibidem*, pp. 106-107.

neste trabalho (mormente nos capítulos I e II, acerca do alcance do princípio da presunção da inocência do arguido no atual processo penal português e acerca de algumas questões relativas à decisão judicial, nomeadamente a questão da "pré-compreensão" na decisão judicial).

IV
O princípio da presunção da inocência do arguido na fase do julgamento no atual Processo Penal Português (alguns problemas)

1. Como é sabido, os autos, no nosso processo penal, são materialmente unos, ou seja, as peças e os documentos relativos a todas as fases processuais constituem um só processo, no qual, à medida que os atos processuais se sucedem, vão sendo incorporadas as peças e os documentos processuais.

Assim sendo, chegada a fase do julgamento, ao juiz de julgamento[129] são presentes os autos, compostos, nessa altura, pelas peças relativas às fases processuais anteriores, ou seja, o inquérito e, se for o caso, a instrução. Ora, dispõe o artigo 311.º, n.º 1, do Código de Processo Penal que, «recebidos os autos no tribunal, o presidente pronuncia-se sobre as questões prévias ou incidentais susceptíveis de obstar à apreciação do mérito da causa de que possa, desde logo, conhecer». E, no seu n.º 2, o mesmo artigo estabelece o seguinte: «[s]e o processo tiver sido remetido para julgamento sem ter havido instrução, o presidente despacha no sentido: a) De rejeitar a acusação, se a considerar manifestamente infundada; b) De não aceitar a acusação do assistente na parte em que ela representa uma alteração substancial da acusação do Ministério Público, nos termos do artigo 284.º, n.º 1». Ou seja, no início da fase do julgamento penal, a lei não se limita a dar ao juiz a possibilidade de conhecer o que das fases processuais anteriores ficou, em termos documentais, mas impõe-lhe que o faça, visto que lhe cabe sanear o processo. E embora o saneamento do processo previsto no citado n.º 1 do artigo 311.º do Código de Processo Penal se refira a questões prévias ou incidentais, a ver-

[129] Usa-se – e usar-se-á, doravante, salvo indicação em contrário – o termo em sentido amplo, como sinónimo de julgador, abarcando, assim, o tribunal singular, o tribunal coletivo e o tribunal do júri. Quanto aos dois últimos, mais correto seria dizer que ao presidente são presentes os autos.

dade é que não pode dispensar o conhecimento dos autos, ou, pelo menos, de parte deles; tome-se, por exemplo, em conta a questão da competência, que exige, no mínimo, a análise do despacho de acusação. Ao que acresce, como se referiu, o n.º 2 do mesmo artigo 311.º, que pressupõe uma apreciação de mérito do despacho de acusação, nomeadamente a sua alínea a).

Viu-se, em III. *supra*, como o primeiro contacto que o sujeito toma com o objeto é, em qualquer fenómeno de conhecimento, determinante. Viu-se igualmente que, em sede de decisão judicial, é inevitável a formação de "pré-juízos" por parte do julgador (e, aliás, por parte de qualquer outro sujeito a cujo conhecimento o processo seja oferecido), quando do(s) primeiro(s) contacto(s) com o caso. Viu-se ainda que esses "pré-juízos", essa antecipação de sentido, condicionam a valoração dos factos e, bem assim, a heurística e a hermenêutica da norma, influenciando, *ipso facto*, a decisão final. Vimos também a relação entre a decisão e a motivação.

Ora, logo ocorre dizer que, então, o juiz de julgamento, ao ter o primeiro contacto com o caso trazido a julgamento, por meio do conhecimento dos autos, em ordem ao saneamento do processo, forma (ou, pelo menos, pode formar, para os mais céticos acerca da sobredita questão da "pré-compreensão") os seus "pré-juízos" sobre o mesmo caso. O que – cumpre concluir, em face do que se disse – é inevitável, por estarmos na presença de um fenómeno de conhecimento, que, de mais a mais, obriga a uma decisão, ou seja, que obriga à exteriorização, à comunicação do resultado[130]. Sendo certo que – retomando o pensamento dos autores da "hermenêutica existencial" e, em particular, de ESSER[131] – esses "pré-juízos são determinados pelo "estar-no-mundo" do juiz, pela "sociologia da ação jurisdicional"[132], mas também pelo modo como lhe aparece o caso trazido a julgamento. Se no conhecimento o sujeito e o objeto são interativos, então o modo como o objeto é apresentado ao sujeito é determinante para o modo como este o conhece.

Ponto agora é saber se o modo como esse primeiro contacto do juiz de julgamento com o processo ocorre e o modo como os referidos "pré-juízos" se formam (ou, concedemos, se podem formar) estão ou não em harmonia com o princípio processual penal que nos ocupa no presente trabalho. E, antecipando a conclusão, cumpre dizer que a resposta é negativa.

[130] Referimo-nos já aos processos judiciais como sistemas comunicacionais – *vd. supra*, III-3.

[131] *Vd. supra*, III-1.

[132] Como na nota 36.

Na verdade, este primeiro contacto que o juiz de julgamento toma com o caso, por via dos autos, em ordem ao saneamento do processo, é, por um lado, um contacto "desequilibrado" (digamos assim), pois, em regra, na altura do saneamento do processo previsto no artigo 311.º do Código de Processo Penal, o processo há-de conter mais suportes da acusação do que da defesa, sendo certo, por outro lado, que o conhecimento dos autos, em toda ou em parte da sua extensão, faz o juiz tomar conhecimento de elementos que poderão influenciar, de modo determinante, a sua decisão. Vejamos em separado cada uma destas duas questões.

2. No momento do saneamento do processo, é certo que dos autos constam as peças do inquérito, culminando este, em princípio[133], na acusação. Ora, sendo o inquérito uma fase processual de natureza inquisitória, onde o princípio do contraditório tem uma espressão diminuta[134], parece-nos inegável que, ao conhecer as peças do inquérito (*maxime* o despacho de acusação), o juiz de julgamento conhece, no essencial, o caso tal como ele é visto pela acusação. Ora, é sabido que a acusação é uma antecipação da decisão final, um projeto de sentença[135], sendo certo que, se o primeiro contacto do juiz com o caso é por via da acusação, o seu "pré-juízo" sobre o caso poderá ser um "pré-juízo" orientado no sentido do "caso da acusação". De mais a mais, quando não houve instrução, não tendo o arguido – a não ser em sede de interrogatório no inquérito, o que é, deste ponto de vista, manifestamente limitado – exposto ainda o "seu caso". A este respeito, não pode, aliás, deixar de referir-se o simbolismo do modo como se inicia, entre nós, a audiência de julgamento. Após os atos introdutórios, e não havendo lugar a exposições introdutórias nos termos do artigo 339.º do Código de Processo Penal (e diz-nos o nosso conhecimento, direto e "de ouvir dizer", que raramente as há),

[133] Estamos a pensar no caso de arquivamento, seguido de instrução que venha a culminar na pronúncia do arguido.

[134] Cfr. artigos 194.º (despacho de aplicação de medida de coação e sua notificação) e 271.º (declarações para memória futura) do Código de Processo Penal.

[135] Ensina Castanheira Neves (*Sumários de Processo Criminal,* pp. 249 e 250): «[o] que há de particular na acusação (e, do mesmo modo, na pronúncia) é apenas – à parte decerto o seu sentido especificamente criminal – o facto de nela se antecipar a análise jurídico-criminal do caso a julgar, de nela se fazer como que um projecto sumário de sentença (condenatória, certamente), quer para justificar juridicamente a acusação deduzida, quer para referir ao arguido as imputações jurídico-criminais que em princípio lhe são feitas».

identifica-se o arguido e o juiz lê ou resume ao arguido a acusação contra si proferida, perguntando-lhe em seguida o que diz ele, arguido, sobre tal acusação. Ou seja, a audiência não começa por uma apresentação da acusação por parte da entidade a quem cabe formulá-la e sustentá-la, isto é, o Ministério Público, começa sim por uma apresentação da acusação pelo próprio julgador. O arguido é, logo no início da audiência de julgamento, não apenas um sujeito processual, mas o sujeito processual acusado, e não apenas do ponto de vista da entidade acusadora, mas também, de uma certa forma, do ponto de vista da entidade julgadora.

Mas mais: o artigo 311.º impõe ao juiz de julgamento, de entre todas as peças dos autos, uma particular atenção à acusação, pois, nos termos do n.º 2 daquele artigo, se não tiver havido instrução, o juiz deve fazer uma apreciação (de mérito, não é abusivo dizê-lo) da acusação, por forma a poder «rejeitar a acusação, se a considerar manifestamente infundada" ou "não aceitar a acusação do assistente na parte em que ela representa uma alteração substancial da acusação do Ministério Público, nos termos do artigo 284.º, n.º 1».

Parece, pois, incontestável que, nos termos expostos, a primeira visão que o juiz de julgamento tem do caso trazido a julgamento é, fundamentalmente, a visão da acusação. E, de outro passo – com o que avançamos já para a questão da receção da acusação, sem termos ainda terminado a questão da unidade dos autos e do saneamento do processo –, cumpre assinalar que o juiz de julgamento só tomará contacto com a visão da defesa algum tempo depois[136] (bastante tempo depois, por vezes, atentas as vicissitudes de funcionamento da maioria dos tribunais portugueses), no momento da apresentação de contestação, nos termos do artigo 315.º do Código de Processo Penal, ou só no momento da audiência de julgamento. E relevante é também o facto de, antes da audiência de julgamento, o juiz de julgamento, caso tenha havido apresentação de contestação, não só conhecer em momentos diferentes a visão da acusação e a visão da defesa (a primeira sempre em primeiro lugar), como conhecer também as diligências probatórias da acusação em sede de inquérito, sem correspondência com diligências probatórias da defesa.

[136] Ressalvados os casos de instrução requerida pelo arguido, questão que adiante melhor se verá (*infra*, 4) e que, de qualquer modo, não altera significativamente os dados do problema.

3. E, aqui chegados, impõe-se tecer, a respeito desta questão, e antes de prosseguirmos, algumas considerações acerca da sua compatibilidade com o princípio da igualdade de armas e com o princípio do contraditório[137].

Diga-se, em primeiro lugar, que os princípios da igualdade de armas e do contraditório aparecem, amiúde, identificados. Parece-nos, contudo, que não se devem identificar os dois princípios e que se deve considerar que o contraditório – que é, em certa medida (em grande medida), expressão de uma estrutura acusatória do processo penal e, afinal, uma garantia de defesa do arguido[138] – tem um maior alcance de que o princípio da igualdade de armas.

Com efeito, o princípio do contraditório[139] impõe que «toda a prossecução processual deve cumprir-se de modo a fazer ressaltar não só as razões da acusação mas também as da defesa»[140], implicando também que «se arme o arguido com um efectivo e consistente direito de defesa»[141], o que implica que ao arguido haja de ser dada a oportunidade de reagir relativamente a «quaisquer decisões, ou de entidades instrutórias (nomeadamente do MP), mas também do juiz, sempre que aquelas atinjam directamente a esfera jurídica das pessoas»[142]; trata-se, ao cabo e ao resto, de dar ao arguido uma real possibilidade de influenciar a decisão final, através da sua conceção acerca da questão-de-facto (e dos seus mecanismos de comprovação) e da questão-de-direito que o caso suscita. E aquela oportunidade – frise-se, desde já – deve ser uma oportunidade efetiva e eficaz[143]. Ou seja, no princípio do contraditório, podemos encontrar (e frisar) uma ideia de contradição sistemática entre

[137] Sobre o princípio do contraditório, *vd.*, por todos, Figueiredo Dias, *Direito Processual Penal*, vol. I, pp. 149 e ss., onde analisa com detalhe o princípio, e Castanheira Neves, *Sumários de Processo Criminal*, p. 46.

[138] Pode, aliás, dizer-se que todas as garantias que estão contidas no artigo 32.º da Constituição da República são, de alguma forma, garantias que visam precisamente a possibilidade de defesa por parte do arguido.

[139] Cfr. artigo 32.º, n.º 5, da Constituição da República e, entre outros, artigos 53.º, 61.º, 287.º, 289.º, 301.º, n.º 2, 302.º, 315.º, 327.º, 348.º e 360.º do Código de Processo Penal; também os artigos 62.º, n.º 2, 67.º, n.º 1, 141.º, n.º 6, 221.º, n.º 3, 223.º, n.º 2, 323.º, alínea f), 355.º e ss. e 371.º, n.º 3, do mesmo Código.

[140] Figueiredo Dias, *Direito Processual Penal*, vol. I, p. 150.

[141] Figueiredo Dias, *ibidem*, p. 151.

[142] Figueiredo Dias, *ibidem*, p. 160. Assim também, por exemplo, o Acórdão do Tribunal Constitucional n.º 172/92 (2.ª Secção) de 06.05.1993, *Boletim do Ministério da Justiça*, n.º 427 (1993), pp. 57 e ss.

[143] Assim também, Figueiredo Dias, *ibidem*, p. 161.

as posições da acusação e da defesa, no processo, ideia que há-de assumir a sua expressão máxima na fase do julgamento (ao contrário das fases anteriores), pois nela se concentra a produção, a crítica e a contradição das provas em que o tribunal irá fundar a sua convicção[144].

E não podemos aqui deixar de frisar que cremos numa conceção democrática do processo criminal, inserida num quadro constitucional democrático, pelo que não podemos deixar de crer (e de sublinhar) nas vantagens do contraditório como meio de defesa dos direitos garantidos (*maxime* ao arguido) pela Constituição da República. Especialmente quando existe – nas palavras de GOMES CANOTILHO e VITAL MOREIRA[145], que acompanhamos inteiramente – uma «radical desigualdade material de partida entre a acusação (normalmente apoiada no poder institucional do Estado) e a defesa», sendo certo que «só a compensação desta, mediante específicas garantias, pode atenuar essa desigualdade de armas».

Por seu lado, o princípio da igualdade de armas, cabendo naquele mais vasto princípio do contraditório, tem especificamente a ver com as posições e atuações processuais da acusação e da defesa. Contudo, deve notar-se que, sendo a acusação e a defesa categorias irredutíveis, não pode pretender-se que o princípio da igualdade de armas signifique que acusação e defesa se devam valer das mesmas armas. Bem ao contrário, pois são desiguais as armas que a lei dá à acusação e à defesa: o Ministério Público tem um dever de objetividade orientado para a descoberta da verdade; o arguido tem um direito ao silêncio; a acusação tem o "ónus da prova"[146]; o arguido beneficia de uma presunção da inocência; o Ministério Público investiga *à charge* e *à décharge* e pode atuar no interesse exclusivo do arguido; a defesa tem o direito de agir unilateralmente. Por aqui, além do mais, se vê como a igualdade de armas não é uma igualdade matemática ou lógica. Nem se trata, tão-pouco, de um princípio estático, indiferente à realidade processual e à própria expressão concreta da lide. Do que se trata é de uma relação meio-fim, estando em causa, não uma questão quantitativa, mas qualitativa. Estamos, pois, em absoluto, com JOSÉ NARCISO DA CUNHA RODRIGUES, quando afirma[147] que

[144] *Vd.* os artigos do Código de Processo Penal citados na nota 139.

[145] *Constituição da República Portuguesa – Anotada*, p. 202. Sobre este ponto, *vd.* também a nota 154.

[146] Sobre este ponto, e aí se explicando a razão de ser das aspas, *vd. supra*, II-2.

[147] Em "Sobre o Princípio da Igualdade de Armas", p. 91.

o princípio da «igualdade de armas significa, assim, a atribuição à acusação e à defesa de meios jurídicos igualmente eficazes para tornar efectivos os seus direitos»[148], sendo certo que se deve também encarar esse princípio de igualdade de armas não entre o Ministério Público e o arguido, mas entre a acusação e a defesa, complexamente constituídas.

Ora, é precisamente a citada ideia de eficácia, a respeito do princípio da igualdade de armas entre a acusação e a defesa –, afinal, também a respeito do princípio do contraditório –, que queremos aqui acentuar[149]. Precisamente porque é por aqui que nos parece que a receção da acusação pelo juiz de julgamento tal como configurada no artigo 311.º do Código de Processo Penal pode pôr em causa os citados princípios da igualdade de armas e do contraditório. E isso porquanto, basicamente, a acusação chega ao conhecimento do juiz de julgamento em um momento anterior (muito anterior, o mais das vezes) ao momento em que a defesa (ressalvados os casos de ter havido instrução requerida pelo arguido) chega ao seu conhecimento, seja por via da apresentação da contestação, nos termos do artigo 315.º do Código de Processo Penal, seja já na audiência de julgamento. Ora, desta sorte, os "pré-juízos" que o juiz pode formar (concede-se, uma vez mais, ao não afirmarmos que forma) poderão, não só ser orientados no sentido do "caso da acusação", como poderão também não ser eficazmente contrariados pela defesa, quando esta chega ao conhecimento do juiz de julgamento, dado o lapso de tempo que medeia entre uma coisa e outra. Ou seja, para além do carácter "desequilibrado", quantitativa e qualitativamente, a favor do "caso da acusação", do primeiro contacto que o juiz de julgamento toma com o caso, em ordem ao saneamento do processo – que já frisámos –, o que queremos agora acentuar é que isso pode ser agravado pelo facto de (mormente nos casos em que não houve instrução requerida pelo arguido) acusação e defesa não chegarem ao conhecimento do juiz de julgamento ao mesmo

[148] Assim também, ainda que não tão claramente, Figueiredo Dias, "Sobre os Sujeitos Processuais no Novo Código de Processo Penal", pp. 29-30.

[149] Sem com isso estarmos a aderir à tese de que o nosso processo penal seja um processo de partes, o que implicaria que considerássemos que no processo penal, para além de partes em sentido adjetivo ou processual (ou seja, aqueles sujeitos processuais que discutem a causa e esperam do juiz uma apreciação e decisão do mérito dela), temos também partes em sentido material (ou seja, titulares de interesses contrapostos, que no processo se discutem e se encontram concretamente em jogo) – situação que, entre nós, não se verifica. Sobre esta questão, *vd.* a nota 45.

tempo, mas a acusação sempre primeiro (muito primeiro, o mais das vezes) do que a defesa. O que, a nosso ver, é suscetível de retirar eficácia à defesa do arguido, pois, no momento em que ela chega ao juiz de julgamento, já houve tempo para se formarem e, porventura, "solidificarem" (permita-se a expressão) "pré-juízos" sobre o caso que vão no sentido do "caso da acusação"[150]. E, ao poder diminuir a eficácia da defesa, nos termos expostos, a receção da acusação pelo juiz de julgamento tal como configurada no nosso sistema processual penal é suscetível de pôr em causa os princípios do contraditório e da igualdade de armas.

Aliás, cumpre aqui frisar e fazer nossas as palavras do Tribunal Constitucional, quando afirmou[151] o seguinte, a propósito do artigo 32.º, n.º 1, da Constituição da República, onde se prescreve que o processo criminal assegurará todas as garantias de defesa: «[a] ideia geral que pode formular-se a este respeito – a ideia geral, em suma, por onde terão de aferir-se outras possíveis concretizações (judiciais) do princípio de defesa, para além das consignadas nos n.ºs 2 e seguintes do artigo 32.º – será a de que o processo criminal há-de configurar-se como um due process of law, devendo considerar-se ilegítimo, por consequência, quer eventuais normas processuais, quer procedimentos aplicativos delas que impliquem um encurtamento inadmissível das possibilidades de defesa do arguido». É precisamente esse encurtamento que, a nosso ver, pode decorrer da receção da acusação pelo juiz de julgamento tal como configurada no nosso sistema processual penal, o que se vem juntar ao encurtamento já assinalado (e cuja análise prosseguiremos, adiante) decorrente da unidade dos autos e do saneamento do processo.

[150] Não resistimos a fazer aqui referência à *Oresteia*, de ÉSQUILO, onde ("Euménides", 2.º episódio, vv. 400 e ss.) Atena, que preside ao tribunal que julga Orestes, toma conhecimento em primeiro lugar da acusação (feita pelas Erínias, que formam o coro) e logo depois da defesa de Orestes. Atena, aliás, mostra preocupação com esse aspeto, dizendo (verso 428): «[m]as noto que das duas partes em presença ainda só ouvi uma». E (versos 435 e ss.): «[p]ela tua parte, estrangeiro, que tens tu a dizer em tua defesa?», ÉSQUILO, *Oresteia*, Lisboa, Edições 70, s.d. (trad. de Manuel de Oliveira Pulquério, a partir – quanto a "Euménides" – do texto estabelecido por Page, Oxford Classical Texts, reimp., 1985).

[151] Em Acórdão n.º 207/88 (1.ª Secção) de 12.10.1988, *Boletim do Ministério da Justiça*, n.º 380 (1988), pp. 157 e ss. Assim também, por exemplo, o Acórdão do Tribunal Constitucional n.º 337/86 (Plenário) de 09.12.1986, *Diário da República*, I Série, de 30.12.1986, que se pronunciou pela inconstitucionalidade da norma do artigo 61.º, n.º 4, do Código da Estrada, precisamente por violação do artigo 32.º, n.ºs 1, 3 e 5, da Constituição da República.

E, de outro passo, o que se tem vindo a descrever relativamente à receção da acusação pelo juiz de julgamento tal como configurada no artigo 311.º do Código de Processo Penal, para além do que já se disse, acaba também por pôr em causa o princípio da presunção da inocência do arguido, por uma outra via (indireta, se quisermos), pois é suscetível de impedir o arguido, ao retirar eficácia à sua defesa, de evitar que a presunção da sua inocência seja "ilidida". E, como vimos acima[152], se é verdade que decorre da presunção da inocência do arguido que ele não tem que provar a sua inocência para ser absolvido, não é menos verdade que tem todo o interesse (e, antes disso, naturalmente, o direito) e devem-lhe ser dados todos os meios para que possa evitar que a presunção da sua inocência seja "ilidida", pelo Ministério Público e/ou pelo tribunal. Vemos aqui – como praticamente em tudo o que temos vindo a referir nesta quarta parte do nosso trabalho – bem patente a ideia, acima exposta[153], de que não podemos afirmar a possibilidade de realização, na sociedade, de uma ideia, quando forem criadas, formalmente, condições de obstrução efetiva da mesma, ou seja, tão importantes como as violações diretas a certos princípios são as condutas que só indiretamente os afetam, designadamente através da criação de obstáculos ao seu pleno desenvolvimento, à sua plena realização.

4. Vista, a traço necessariamente grosso, a questão da receção da acusação, prossigamos agora a análise da questão com que iniciámos esta quarta parte do nosso trabalho, ou seja, a unidade dos autos e o saneamento do processo pelo juiz de julgamento. E já se viu como é "desequilibrado" o contacto que o juiz de julgamento toma com o objeto do processo (com o *thema decidenduum*), no momento do saneamento deste, caso, anteriormente, apenas tenha havido inquérito. Contudo, caso tenha havido também instrução (mesmo requerida pelo arguido), esse contacto não será "equilibrado".

Em primeiro lugar, se é verdade que o arguido, ao requerer a abertura de instrução, tem a possibilidade de contrapor à tese da acusação a sua tese, não é menos verdade que, ainda assim, não deixa de haver um "desequilíbrio", quantitativo e qualitativo, entre os suportes da defesa e da acusação constantes dos autos (a favor da acusação), adicionando às peças processuais da instrução as do inquérito e adicionando ainda às diligências probatórias da ins-

[152] *Supra*, II-2 e 4.
[153] *Supra*, III-4.

trução as diligências probatórias do inquérito levadas a cabo pelo Ministério Público, sem as correspondentes diligências probatórias da defesa – sendo certo também que o Ministério Público, apoiado na força e nos meios institucionais do Estado, tem uma certa superioridade relativamente ao arguido e tem meios que a defesa nunca terá[154].

Em segundo lugar, não pode ignorar-se a natureza da instrução e o modo limitado como esta se processa, sendo de assinalar, a nosso ver: por um lado, o contacto mediato que o juiz de instrução toma com grande parte das diligências probatórias (mormente a inquirição de testemunhas, muitas vezes realizada pela polícia criminal) e o facto de poder indeferir as diligências probatórias requeridas pela defesa[155] (o que contrasta com o disposto no artigo 340.º do Código de Processo Penal, nos termos do qual tem o juiz de julgamento menos discricionariedade do que o juiz de instrução quanto às diligências probatórias requeridas pela defesa); por outro lado, o facto de a lei determinar que para a pronúncia do arguido bastam «indícios suficientes de se terem verificado os pressupostos de que depende a aplicação ao arguido de uma pena ou de uma medida de segurança» (artigo 308.º, n.º 1, do Código de Processo Penal), ou seja, o facto de uma decisão instrutória no sentido da pronúncia do arguido não necessitar de uma convicção de culpa

[154] É siginificativo o facto de o Tribunal Constitucional ter frisado que, «pese embora o facto de o posicionamento do arguido num processo de tipo acusatório dever revestir uma situação de reciprocidade dialéctica face à acusação, o certo é que não pode inteiramente ignorar-se a especial postura do Ministério Público enquanto exerce a acção penal e defende a legalidade democrática, surpreendendo-se aí uma perspectiva complexa de funções que lhe compete assegurar» – Acórdão do Tribunal Constitucional, 1.ª Secção, de 18.04.1990, n.º 118/90, *Boletim do Ministério da* Justiça, n.º 396 (1990), pp. 123 e ss. A este respeito, *vd.* também José António Barreiros, *Processo Penal – 1*, pp. 402 a 404, onde faz uma acutilante análise sobre a superioridade do acusador face ao arguido no processo penal, acentuando também a ideia de que certos aspetos do estatuto do arguido visam compensar esse "desnível" entre o Ministério Público e o arguido; ideia que acompanhamos, mas sem deixar de frisar que o atual estatuto do arguido no nosso processo penal decorre, em primeira linha, da dignidade da pessoa humana, no quadro de um Estado de Direito democrático. Veja-se também, do mesmo autor, *O Futuro do Processo Criminal*, p. 95. Note-se, por último, que Figueiredo Dias, no seu citado *Direito Processual Penal*, vol. I, a pp. 250, refere que o Ministério Público está em posição jurídica supraordenada à do arguido, designadamente no inquérito e na instrução – ao que se soma, acrescentamos nós, a "intimidade" (permita-se a expressão) entre o juiz de julgamento e o Ministério Público, no julgamento.

[155] Veja-se, por exemplo, o n.º 3, *in fine*, do artigo 287.º do Código de Processo Penal e os artigos 288.º, n.º 4, e 289.º do mesmo Código.

deste, mas tão-só de um juízo indiciário. Ao que se soma, frisamos, a importância que um despacho de acusação e um despacho de pronúncia (ambos indiciários), juntos, poderão ter no que respeita à formação de "pré-juízos" por parte do juiz de julgamento, que tomará contacto com um caso que, vencidas as barreiras do inquérito e da instrução, se apresenta como um caso em que tudo aponta para a culpa do arguido[156].

5. Assim se vê que, quer haja apenas inquérito, quer haja também instrução (mesmo requerida pelo arguido), o primeiro contacto que o juiz de julgamento toma com o caso trazido a julgamento, por via do saneamento do processo previsto no artigo 311.º do Código de Processo Penal, é um contacto "desequilibrado", pois, em regra, os autos favorecerão, quantitativa e qualitativamente, a tese da acusação, em detrimento da tese da defesa.

Ora, este "desequilíbrio" poderá orientar os "pré-juízos" que o juiz de julgamento, nesse momento, forma sobre o caso, no sentido da tese da acusação, o que, a nosso ver, é suscetível de pôr em causa o princípio da presunção da inocência do arguido, por duas ordens de razões[157]: em primeiro lugar, se esses "pré-juízos" forem orientados no sentido da tese da acusação, formar-se-á no julgador uma "(pré-)convicção" da culpabilidade do arguido, ainda antes do início da audiência de julgamento, o que, não só constitui como que uma inversão do princípio da presunção da inocência do arguido (e do comando dirigido ao juiz de julgamento que ele encerra), como pode conduzir a um ónus da prova para o arguido – ónus da prova sub-reptício e informal, digamos –, pois, se o juiz inicia o julgamento com uma "pré-convicção" da culpabilidade do arguido, se este não provar a sua inocência, poderá ser condenado; em segundo lugar, os referidos "pré-juízos", orientados no sentido da tese da acusação, podem conduzir à violação do princípio *in dubio pro reo*, ainda que indiretamente, uma vez que um *non liquet* que, à partida, poderia existir no fim da audiência de julgamento, atendendo à prova aí produzida e aos argumentos aí expendidos, poderá não existir, por força dos referidos "pré-juízos" orientados no sentido da tese da acusação; por outras palavras, uma eventual dúvida do julgador quanto à apreciação da prova produzida

[156] Sempre dizemos, aliás, que consideramos a instrução, do ponto de vista da estratégia da defesa, o mais das vezes, não só inútil, como contraproducente.

[157] Ao que acrescerá, bem entendido, o que se disse em 3 *supra* acerca dos princípios do contraditório e da igualdade de armas e do encurtamento das garantias de defesa do arguido.

em julgamento poderá desvanecer-se, por força dos referidos "pré-juízos", o que redunda, a nosso ver, e em última análise, numa violação do princípio *in dubio pro reo* e, assim, do princípio da presunção da inocência do arguido, pois o princípio *in dubio pro reo* diz-nos que o juiz só deve condenar se ficar efetivamente convencido quanto à culpa do arguido, convencido pela atividade probatória levada a cabo pelo Ministério Público ou pela investigação levada a cabo por si.

6. E os perigos de ofensa, do mesmo modo, ao princípio da presunção da inocência do arguido acima referidos avolumam-se, se levarmos em conta que, para além do contacto "desequilibrado" do julgador com o caso trazido a julgamento, no momento do saneamento do processo, a unidade (material) dos autos permite ao julgador – quer no momento do saneamento do processo, quer durante toda a fase do julgamento – tomar conhecimento de elementos que poderão influenciar, de modo determinante, a sua decisão[158].

Refiram-se, a título de exemplo, em primeiro lugar, os fundamentos de aplicação de medidas de coação, as diligências probatórias levadas a cabo em sede de inquérito pelo Ministério Público, as diligências probatórias levadas a cabo durante a instrução. Refira-se ainda, e uma vez mais[159], a importância que pode ter, no que tange a uma prefiguração pelo juiz de julgamento do caso *sub judice*, a conjugação de um despacho de acusação com um despacho de pronúncia; que "pré-convicção" é provável que daí resulte senão a da culpa do arguido, pois se antes quem foi chamado a decidir sobre o caso

[158] No seu *Direito Processual Penal*, vol. I, a pp. 269, FIGUEIREDO DIAS afirma, ainda que de passagem, a propósito da instrução preparatória do Código de Processo Penal de 1929: «[...] aliado à circunstância de esta instrução fazer já parte do processo, ter valor relativamente aos actos processuais que se lhe seguem (nomeadamente o julgamento) e poder assim – através do conhecimento que dos seus resultados, integrados nos autos, venha a ter o juiz – condicionar ou influir o sentido da decisão final». Mais adiante, a pp. 277 e 278, o Professor, ao analisar a proposta de EBERHARD SCHMIDT de que, nos tribunais coletivos, apenas um dos juízes conhecesse os autos e tivesse funções de investigação, admite abertamente a formação de "pré-juízos" por parte desse juiz, com base no conhecimento dos autos, adiantando que os poderia comunicar aos demais juízes com intervenção no processo.

[159] *Vd. supra*, 3.

assim entendeu?[160] Refira-se também o relatório social do arguido e, sobretudo, os antecedentes criminais do arguido.

E isto é tanto mais grave, quanto mais levarmos em conta a contradição que traz relativamente a outros princípios estruturantes do nosso processo penal hodierno. Em primeiro lugar e em primeira linha, o princípio do acusatório. Em segundo lugar, o princípio consagrado no artigo 355.º do Código de Processo Penal. Em terceiro lugar, o sistema de *césure*, previsto nos artigos 368.º e 369.º do Código de Processo Penal. Entre outros. Do sistema de *césure*, curaremos adiante[161]. Dediquemos agora breves palavras ao princípio do acusatório e ao princípio consagrado no artigo 355.º (e 356.º) do Código de Processo Penal, ou seja, o princípio de que só valem em julgamento, nomeadamente para efeitos de formação da convicção do tribunal, as provas que tiverem sido produzidas ou examinadas em audiência[162].

A Constituição da República impõe claramente uma estruturação acusatória do processo penal, nos termos do seu artigo 32.º, n.º 5. Por outro lado, a Lei de Autorização dada ao Governo para legislar em matéria de processo penal, no seu artigo 2.º, n.º 4[163], impôs a máxima acusatoriedade (ainda que temperada com um princípio de investigação judicial). Ora, é comummente aceite que a estrutura acusatória do processo penal[164] (para além de impor a vinculação temática) tem uma dimensão material, ou seja, implica a distinção entre as fases do processo, inquérito, instrução e julgamento, mas também uma dimensão orgânico-subjetiva, isto é, implica que as entidades a quem cabe dirigir as sobreditas três fases processuais penais sejam distintas, não podendo, nomeadamente, por um lado, ser a mesma entidade que investiga e acusa e que julga, e não podendo, por outro lado, ser o mesmo

[160] E mesmo que, depois, na audiência de julgamento, sejam dados ao arguido todos os meios para tentar infirmar esta "pré-convicção" de culpa (e só ela já comporta uma violação do princípio da presunção da inocência do arguido), ainda irá o arguido a tempo de o fazer, será, então, a sua defesa eficaz para tanto? Sobre a ideia de eficácia como ideia central do princípio processual penal da igualdade de armas, *vd. supra*, 3.

[161] *Vd. infra*, 9.

[162] Ressalvados os casos do n.º 2 do artigo 355.º e do artigo 356.º do Código de Processo Penal, que, ainda assim, impõem a leitura em audiência de atos processuais anteriores; atente-se na preocupação com o contraditório patente no citado artigo 356.º do Código de Processo Penal.

[163] *Vd.* Lobo Moutinho, *Direito Processual Penal...*, p. 50.

[164] Sobre este ponto, *vd.*, por todos, Figueiredo Dias, *Direito Processual Penal*, vol. I, pp. 61 e ss. *Vd.* também a nota 39 *supra*.

o juiz a quem compete a instrução e o juiz a quem compete o julgamento. E a entidade que julga e as entidades que investigam e acusam e dirigem a instrução não podem ser as mesmas precisamente para que a entidade que julga possa ter uma atitude imparcial, atitude que, naturalmente, não teria se tivesse feito a investigação ou dirigido a instrução[165]. Acompanhamos inteiramente Teresa Beleza[166], quando afirma que «não seria legítimo o Código de Processo Penal estabelecer um regime segundo o qual fosse o mesmo juiz a investigar, acusar e julgar, porque se o fizesse claramente quando o juiz viesse julgar a causa já teria os seus pré-juízos, os seus preconceitos, formados em relação à causa, uma vez que teria desenvolvido o esforço no sentido da investigação e da acusação».

A imparcialidade[167] pode, aliás, definir-se como a ausência de qualquer "pré-juízo" ou preconceito em relação à matéria a decidir ou quanto às pessoas afetadas pela decisão, devendo e podendo ser apreciada segundo uma dupla perspetiva ou aproximação: uma perspetiva subjetiva, que se prende com a posição pessoal do juiz, o seu foro interior, perante um determinado caso; uma perspetiva objetiva, inspirada pela máxima "*justice must not only be done, it must also be seen to be done*", onde relevam considerações de carácter orgânico, formal e funcional relativas ao tribunal, ou seja, através da composição e organização funcional e estrutural do sistema, deverá ser garantida a imparcialidade do tribunal (e deverão igualmente ser garantidos os demais princípios estruturantes daquele mesmo sistema). O que, no caso em apreço, aparece posto em causa, claramente – e sem necessidade de nos alongarmos em mais considerações.

O que não pode deixar de sublinhar-se é, por um lado, a íntima ligação entre a estrutura acusatória do processo e o princípio da presunção da inocência do arguido[168] e, por outro, que as "brechas" acima apontadas relati-

[165] Assim, por exemplo, clara e expressivamente, Figueiredo Dias, *Direito Processual Penal*, vol. I, nomeadamente p. 136.

[166] Em *Apontamentos de Direito Processual Penal*, vol. I, p. 51.

[167] Sobre o ponto, pode ver-se Figueiredo Dias e Maria João Antunes, "La Notion Européenne de Tribunal Indépendant et Impartial (une Approche à Partir du Droit Portugais de Procédure Pénale)".

[168] Assim, por exemplo, claramente, Maria Fernanda Palma, "A Constitucionalidade do Artigo 342.º do Código de Processo Penal (O Direito ao Silêncio do Arguido)", p. 103.

vamente ao princípio da presunção da inocência do arguido acabam por redundar também em uma violação da estrutura acusatória do processo ou, pelo menos, na perversão dos propósitos daquela mesma estrutura acusatória. Pretendermos que o juiz de julgamento, depois de ler o processo (ou parte dele), se alheie do que leu, quando da audiência de julgamento e da decisão final, é pretendermos – permita-se a expressão – a quadratura do círculo.

De outro passo, vemos posto em causa, por motivos óbvios, o assinalado princípio de que só valem em julgamento, nomeadamente para efeitos de formação da convicção do tribunal, as provas que tiverem sido produzidas ou examinadas em audiência, pois dá-se ao juiz de julgamento a possibilidade de conhecer as diligências probatórias feitas anteriormente à fase do julgamento, as quais poderão influenciar a sua prefiguração do caso e a sua decisão final sobre ele – nos termos já repetidamente expostos –, sendo diligências probatórias que escapam ao estabelecido nos artigos 355.º e 356.º do Código de Processo Penal.

7. Pensamos que as "brechas" relativas ao princípio da presunção da inocência do arguido existentes no nosso atual sistema processual penal que temos vindo a apontar não existirão (pelo menos, tão marcada e extensivamente[169]) em um sistema processual penal de tipo anglo-americano[170], onde o tribunal de julgamento não tem um conhecimento prévio do processo relativo às fases instrutórias (*lato sensu*), nem tem um conhecimento do "caso da acusação" em um momento (muito) anterior ao momento em que conhece o "caso da defesa".

[169] *Vd. infra*, a nota 176.

[170] Ou seja, um sistema processual penal inspirado nos sistemas britânico e dos EUA. Com isto não queremos, naturalmente, e como já dissémos, esboçar uma reforma do processo penal português, e muito menos propor a receção do sistema processual penal anglo-americano – até porque, além do mais, somos sensíveis (ainda que não excessivamente) aos argumentos da tradição e da ligação entre os sistemas processuais penais e a idiossincrasia dos povos (veja-se, sobre este ponto, Figueiredo Dias, *Direito Processual Penal,* vol. I, pp. 292 e 293, *maxime* a nota 111). Queremos unicamente apontar uma alternativa – ao que, aliás, a nosso ver, estávamos obrigados, depois de termos assinalado "brechas" relativas ao princípio da presunção da inocência do arguido existentes no nosso sistema processual penal.

José António Barreiros ensina[171] que, na Grã-Bretanha, o processo penal relativo à *regular jurisdiction*[172] tem três fases: *investigation*; a fase intermédia, em que ocorre o exame preliminar (*preliminary examination*); a fase de debates em audiência. Com efeito, investigados os factos, pela polícia e pelo *Crown Prosecution Service*, segue-se para uma fase intermédia, que usualmente decorre no tribunal – segundo ensina o autor citado, decorria perante o *Petty Sessional Court* (entidade que substituiu, a partir de 1933, o *Grand Jury*), decorre hoje perante um *Magistrates' Court*[173]. Esta fase intermédia – que foi objeto de profunda reforma em 1994 – apenas se aplica às infrações mistas e graves[174] e, com um debate oral entre as partes, tem por função básica analisar a acusação, decidindo se ela deve ser mantida e se é justificável adotar qualquer medida restritiva da liberdade do suspeito[175]. O tribunal pode, assim, decidir pelo arquivamento do processo ou pela sua remessa a juízo, formulando, neste último caso, um *indictment*. O julgamento decorre pública e oralmente, sem que o tribunal de julgamento conheça o processado anteriormente[176]. O "caso" é apresentado, em audiência, pela acusação

[171] Em *Processo Penal – 1*, já de 1981, pp. 104 e ss. Aliás, nesta obra, pode encontrar-se uma detalhada análise histórico-comparativa dos vários sistemas processuais penais (a partir da p. 11), chegando-se à conclusão de que o sistema acusatório é o sistema processual penal vigente na Grã-Bretanha, bem como nos países que receberam diretamente a influência do *Common-Law*, ou ainda naqueles que se pautam por instituições jurídicas inspiradas naquele sistema jurídico; já na Europa continental, os sistemas processuais – incluindo os de filosofia marxista (relembre-se que a obra em causa é de 1981) – reproduzem, em maior ou menor medida, o sistema misto, mescla dos dois sistemas, ora com maior pendor para um, ora para outro. Para uma visão – sintética – do processo penal americano, pode ver-se Jean Cedras, *Le Droit Pénal Américain*, nomeadamente pp. 9 e ss. e 95 e ss. Sobre o processo penal inglês, com detalhe, veja-se Mireille Delmas-Marty, *Procédures Pénales d'Europe*, pp. 125-172. Para uma visão mais abrangente do Direito inglês e do Direito dos Estados Unidos da América, veja-se René David, *Os Grandes Sistemas de Direito Contemporâneo*, respetivamente pp. 281 e ss. e 357 e ss.

[172] Temos ainda a *summary jurisdiction*, aplicável aos delitos de menor gravidade e a delitos que, não obstante a sua maior gravidade, possam ser julgados sob esta forma (sistema de competência alternativa).

[173] Assim Mireille Delmas-Marty, *Procédures Pénales d'Europe*, pp. 146-147.

[174] *Vd.* a nota 172.

[175] Em 1983 (*O Futuro do Processo Criminal*, pp. 90 e ss.), já José António Barreiros propunha a adoção, entre nós, de uma audiência preliminar com idênticas funções.

[176] Não podemos aqui deixar de dizer que este modelo não é, a nosso ver, totalmente isento de perigos para o princípio da presunção da inocência do arguido, pois a receção da acusação no *preliminary examination* e a consequente remessa do processo para julgamento não deixam

e contraditado (ou admitido) pela defesa (*opening statements*), seguindo-se a produção de prova e os debates. O julgamento decorre perante um *Crown Court* – ou perante um *Magistrates' Court*[177], consoante o tipo de infração em causa e, em certos casos, a vontade do arguido[178]. Em ambos os casos, a regulamentação das provas admissíveis é cuidadosa, não podendo, por exemplo, o passado do acusado ser apresentado no tribunal, só relevando para efeitos de aplicação da pena – em contraste com o que se passa entre nós[179].

Quanto aos Estados Unidos da América, e ainda segundo o que José António Barreiros[180] ensina, temos um sistema processual penal que significa uma solução de compromisso entre a tradição acusatória britânica e a adoção de ingredientes de natureza inquisitória[181], tudo mesclado por institutos próprios[182]. A investigação criminal é confiada às várias entidades que nos EUA têm funções policiais. Nos EUA existe um departamento autónomo com competência para promover e sustentar a acusação criminal, que se encontra estruturado por níveis (federal, estadual, distrital e condado). A maioria dos estatutos dos Estados Federados dos EUA exige que o detido seja conduzido, após prisão, com a maior rapidez ao magistrado mais próximo, mormente nos casos de *felonies*, tomando esta apresentação o nome

de ser suscetíveis de criar no tribunal de julgamento uma "pré-convicção" da culpabilidade do arguido. Melhor seria, a nosso ver, que tal fase não existisse, passando-se diretamente da fase da investigação para a fase do julgamento. É bem certo que, assim, se sujeitaria, porventura, a julgamento arguidos manifestamente inocentes, mas é igualmente certo que assim se ganharia em imparcialidade do tribunal de julgamento – além de que o *preliminary examination* não deixa de ser, de certa forma, um julgamento (ou um pré-julgamento), de mais a mais público, com o que isso tem de estigmatizante para o arguido. E, acrescentamos, com este modelo, deveria exigir-se uma especial responsabilização das entidades encarregadas da investigação e da dedução da acusação. A alternativa seria a realização de uma fase preliminar já na audiência de julgamento (já pelo tribunal de julgamento, portanto), destinada ao saneamento do processo (digamos assim); contudo, estamos em crer que tal fase preliminar funcionaria como um pré-julgamento – com as desvantagens já assinaladas –, determinando decisivamente a audiência de julgamento propriamente dita.

[177] Com pormenor, Mireille Delmas-Marty, *Procédures Pénales d'Europe*, pp. 147 e ss.

[178] *Vd.* a nota 172.

[179] *Vd.* o que se disse sobre a unidade dos autos, nomeadamente *supra*, 6, e ainda *infra*, 8 e 9.

[180] *Processo Penal – 1*, pp. 110 e ss. *Vd.* também a bibliografia aí citada e a nota 171 *supra*, *in fine*.

[181] Assim também, Jean Cedras, *Le Droit Pénal Américain*, pp. 95 e 96.

[182] Note-se, desde já, que o procedimento varia consoante estejamos na presença de *misdemeanors* ou de *felonies* e varia também de Estado para Estado. Vamos aqui dar um panorama geral, a traço muito grosso.

de *initial appearence* ou de *presentement*; em resultado dela, decide-se quanto à aplicabilidade de qualquer medida restritiva da liberdade do suspeito. O arguido tem o direito constitucional a uma audiência preliminar (*preliminary hearing*), que decorre, *grosso modo*, segundo o esquema britânico – já sumariamente descrito. Após o despacho do juiz (havendo audiência preliminar) ou logo que concluídas as investigações (para o caso de não haver), o procurador prepara a acusação formal (*information*)[183], sendo que, em muitos Estados, a decisão da acusação deve ser confirmada pelo *Grand Jury* (que é, verdadeiramente, um orgão de polícia judiciária[184]). O *Grand Jury* limita-se a apreciar as provas produzidas pela acusação, pronunciando-se sobre a viabilidade desta, não lhe sendo facultados os elementos trazidos ao processo pela defesa. Confirmada a acusação e remetido o processo para o tribunal, a fase final do processo consiste na audiência de julgamento[185], próxima também do modelo britânico[186] (já descrito, sumariamente), e também sem que o tribunal de julgamento conheça o processado anteriormente[187].

8. Até agora, ocupámo-nos de problemas atinentes à fase preliminar[188] da fase processual penal do julgamento, ou seja, a fase a que respeitam os artigos 311.º a 320.º do Código de Processo Penal. Vamos agora dedicar as últimas considerações deste trabalho a um problema que se situa já na audiência de julgamento, qual seja o problema do conhecimento dos antecedentes criminais do arguido no início daquela audiência[189], nomeadamente

[183] Vigorando o princípio da oportunidade. Assim, JEAN CEDRAS, *Le Droit Pénal Américain*, p. 110. Muito interessante no sistema americano é a chamada *plea bargaining*, que não podemos aqui tratar – sobre o ponto, *vd.* o mesmo autor, obra citada, pp. 111-112.

[184] Assim, JEAN CEDRAS, *Le Droit Pénal Américain*, p. 102. O *Grand Jury* tem poderes autónomos de inquérito, como refere aquele autor, *ibidem*, pp. 102 e 103.

[185] *Vd.* as notas 172 e 182. Sobre o julgamento de *misdemeanors* e sobre o julgamento de *felonies*, *vd.* JEAN CEDRAS, *Le Droit Pénal Américain*, respetivamente, pp. 114-115 e 116-120.

[186] Como na nota 176, *mutatis mutandis.*

[187] Sobre o julgamento de *felonies*, JEAN CEDRAS (*Le Droit Pénal Américain*, p. 118) ensina: «*[a]près lecture de l'acte d'accusation (indictment ou information), la poursuite puis la défense font une déclaration liminaire (opening statements) destinée à familiariser le juge (qui jusque-là ne connait presque rien de l'affaire) et le jury avec les faits et à présenter les principaux points sur lesquels elles se proposent d'insister*».

[188] Reportamo-nos ao processo comum, naturalmente.

[189] Do conhecimento dos antecedentes criminais do arguido por via da unidade dos autos já tratámos nos capítulos precedentes.

levando em conta o antigo n.º 2 do artigo 342.º do Código de Processo Penal, que estabelecia o seguinte: «[e]m seguida, o presidente pergunta ao arguido pelos seus antecedentes criminais e por qualquer outro processo penal que contra ele nesse momento corra, lendo-lhe ou fazendo com que lhe seja lido, se necessário, o certificado do registo criminal».

Diga-se, antes de mais, que este preceito foi revogado pelo Decreto-Lei n.º 317/95, de 28 de novembro, o que pode levar a concluir que não faz sentido, depois da entrada em vigor daquele diploma, refletir sobre o conhecimento dos antecedentes criminais do arguido no início da audiência de julgamento. Não é essa, no entanto, a nossa opinião. Com efeito, parece-nos que, apesar da revogação do referido preceito, continua a ser pertinente refletir sobre o conhecimento dos antecedentes criminais do arguido no início da audiência de julgamento, por duas razões: em primeiro lugar, porque nos tribunais, no início da audiência de julgamento, é ainda, não poucas vezes, perguntado ao arguido qual o seu passado criminal[190]; em segundo lugar, nada nos garante que o preceito ora revogado não seja recuperado numa futura revisão do Código de Processo Penal. Ao que acresce que refletir sobre o preceituado no antigo n.º 2 do artigo 342.º do Código de Processo Penal – e, assim, sobre o conhecimento dos antecedentes criminais do arguido no início da audiência de julgamento – pode contribuir para alcançar as razões pelas quais aquele preceito foi revogado; além de que há ainda a questão da unidade dos autos, podendo os mesmos já conter (como em regra contêm) a certificação dos antecederes criminais do arguido...

Ora, em face do que já afirmámos neste trabalho, fácil será concluir que consideramos que o conhecimento dos antecedentes criminais do arguido no início da audiência de julgamento é suscetível de orientar a "pré-compreensão" do julgador em um ou outro sentido, consoante o passado criminal do arguido seja mais ou menos "limpo" (digamos assim, por comodi-

[190] E, a este respeito, podemos fazer apelo ao princípio da realidade, princípio da metodologia carneluttiana (referido em FERNANDO LUSO SOARES, *O Processo Penal como Jurisdição...*), que – muito esquematicamente – nos diz que para sabermos uma coisa, mais do que os livros, é preciso conhecer os homens. De outro passo, pode apelar-se à já várias vezes referida dualidade – que não é uma dicotomia – entre *law in books* e *law in action*. Por seu lado, e avisadamente, ensina FIGUEIREDO DIAS (no citado *Direito Processual Penal*, vol. I, p. 293): «[...] a eficácia prática de um sistema processual penal como o nosso está, toda ela, dependente do nível a que consiga guindar-se a magistratura judicial [...]».

dade de expressão)[191]. Razão pela qual, pelo já exposto, consideramos que os preceitos legais que o imponham ou permitam e os procedimentos judiciais que a ele conduzam redundam na violação do princípio da presunção da inocência do arguido, quer pela via da questão do "ónus da prova", quer pela via do princípio *in dubio pro reo* (*mutatis mutandis*, nos termos descritos *supra*, nomeadamente em 5, que aqui nos dispensamos de repetir).

E entendemos ainda que esse conhecimento dos antecedentes criminais do arguido no início da audiência de julgamento, quando imposto nos termos em que o era pelo antigo n.º 2, conjugado com o antigo n.º 3[192], do artigo 342.º do Código de Processo Penal, viola o princípio da presunção da inocência do arguido por via do terceiro corolário deste princípio em matéria de prova que apontámos, ou seja, que o arguido não é um mero objeto ou meio de prova, mas sim um livre contraditor do acusador, com armas iguais às dele (de onde decorre, entre outras consequências, que a utilização do arguido como meio de prova é sempre limitada pelo integral respeito pela sua decisão de vontade, isto é, o arguido, em matéria de prova, não pode ser obrigado a colaborar com o tribunal)[193], e ainda por via da incidência do princípio em causa no estatuto do arguido.

Com efeito, do antigo n.º 2 do artigo 342.º do Código de Processo Penal (conjugado com o antigo n.º 3 do mesmo artigo) decorria a obrigatoriedade para o arguido de dar a conhecer o seu passado criminal, sob pena de res-

[191] FIGUEIREDO DIAS, em "Sobre os Sujeitos Processuais no Novo Código de Processo Penal", a pp. 33, escreve: «[o novo Código de Processo Penal] não deu, é certo, um último passo – para o qual, ainda aqui, o modelo do processo penal anglo-americano se revelaria exemplar – e que consistiria na proibição pura e simples de conhecimento pelo tribunal dos antecedentes criminais do arguido antes de alcançada a fase de determinação da pena, como forma óptima de preservar a impassibilidade judicial».

[192] Estabelecia o antigo n.º 3 (atual n.º 2) do artigo 342.º do Código de Processo Penal: «[o] presidente adverte o arguido de que a falta de resposta às perguntas feitas ou a falsidade da mesma o pode fazer incorrer em responsabilidade penal». Importa aqui também chamar à colação o antigo artigo 388.º do Código Penal (correspondente ao artigo 348.º, depois da revisão do Código Penal operada em 1995) e o antigo artigo 402.º do mesmo Código (correspondente ao artigo 359.º, depois da referida revisão do Código Penal, já excluída a questão dos antecedentes criminais), relativos, respetivamente, aos crimes de desobediência e de falsas declarações. Veja-se também o artigo 61.º, n.º 3, alínea b), do Código de Processo Penal.

[193] Veja-se RODRIGO SANTIAGO, "Reflexões Sobre as 'Declarações do Arguido' Como Meio de Prova no Código de Processo Penal de 1987" – trabalho que versa, sobretudo, sobre as questões do regime e do valor probatório daquelas declarações.

ponsabilidade criminal. Assim se transformava o arguido, compulsivamente, em "meio de prova", impondo-lhe uma colaboração com a acusação e uma consequência penal pela recusa dessa colaboração incompatíveis com o seu direito a ser presumido inocente e com o seu estatuto, onde avultam as suas garantias de defesa e a sua qualidade de sujeito processual. E onde avulta também o seu direito ao silêncio[194], assim também violado, pois deste direito ao silêncio decorre que a autoridade (o tribunal, neste caso) não pode tirar qualquer ilação ou inferência do facto de o arguido não responder às perguntas que lhe forem feitas, mas também que esse facto não pode fazê-lo incorrer em responsabilidade de qualquer espécie, não podendo, designadamente, ser base de responsabilidade criminal por desobediência ao tribunal.

E não se diga que o facto de o nosso sistema processual penal não compreender uma estrutura acusatória pura faz com que sejam de afastar as conclusões que enunciámos. O princípio da investigação, que tempera, entre nós, a estrutura acusatória do processo penal, não pode redundar na redução das garantias de defesa do arguido, nem na redução do estatuto do arguido enquanto sujeito processual, transformando-o em "meio de prova", contra a sua vontade. Não pode igualmente desequilibrar a "igualdade de armas"[195] entre a acusação e a defesa, transformando o arguido (coercivamente) no instrumento desse desequilíbrio.

E também não se diga, por outro lado, que o antigo n.º 2 do artigo 342.º do Código de Processo Penal não se referia a factos que fossem objeto da acusação, pois, como bem ensina Maria Fernanda Palma[196], «este raciocínio desconhece que os factos a que se reporta o artigo 342.º, referindo-se à perigosidade criminal anterior à linha de conduta pessoal do agente, serão, justificadamente, objecto de investigação [...], são elementos de que a acusação carece e que permitem graduar a pena»[197]. Trata-se, pois, ainda de elementos da acusação, que o arguido não pode ser coagido a revelar. Mas, para além disso, a verdade é que o apuramento desses elementos deve ter lugar

[194] Consagrado, quanto a todo o processo penal, no artigo 61.º, n.º 1, alínea c), do Código de Processo Penal, e reiterado no artigo 343.º, n.º 1, do mesmo Código, no que tange à audiência de julgamento.

[195] Sobre a "igualdade de armas", *vd. supra*, 3, onde se explicam as aspas.

[196] "A Constitucionalidade do Artigo 342.º do Código de Processo Penal (O Direito ao Silêncio do Arguido)", p. 105.

[197] Sobre este ponto, *vd. infra*, 9.

em momento posterior à prova do facto de que o arguido vem acusado, sob pena de o seu apuramento em momento anterior (como já se viu) poder «criar, no julgador, uma presunção empírica de culpa do agente»[198].

Aderimos, pois, à tese de MARIA FERNANDA PALMA, exposta, nomeadamente, em "A Constitucionalidade do Artigo 342.º do Código de Processo Penal (O Direito ao Silêncio do Arguido)" e também de TERESA PIZARRO BELEZA (exposta no seu ensino oral na Faculdade de Direito da Universidade de Lisboa, a que assistimos no ano letivo de 1993/94, no âmbito do 5.º ano do curso de licenciatura) sobre a inconstitucionalidade do antigo n.º 2 do artigo 342.º do Código de Processo Penal (conjugado com o antigo n.º 3 do mesmo artigo) e dispensamo-nos de enunciar aqui, para além dos já expostos acima, os demais fundamentos dessa inconstitucionalidade, remetendo para o citado trabalho de MARIA FERNANDA PALMA – pois não temos vindo a tratar o nosso tema em uma perspetiva de constitucionalidade.

Não pode, pois, deixar de concluir-se que o conhecimento dos antecedentes criminais do arguido no início da audiência de julgamento (mormente quando imposto nos termos dos antigos n.ºs 2 e 3 do artigo 342.º do Código de Processo Penal) constitui mais uma "brecha" relativamente ao princípio da presunção da inocência do arguido na fase do julgamento, não podendo deixar de ler-se com perplexidade aqueles antigos n.ºs 2 e 3 do artigo 342.º do Código de Processo Penal, levando em conta o nosso sistema processual penal hodierno e os princípios e garantias nele afirmados, designadamente em matéria de garantias de defesa do arguido, garantias essas que, em grande medida, passam pela sua presunção da inocência e pela salvaguarda da imparcialidade do julgador penal (com o alcance já assinalado).

9. E essa perplexidade aumentava com a leitura dos artigos 368.º e 369.º do Código de Processo Penal[199], onde se consagra o chamado sistema de *césure*[200] (*schuldinterlokut*, no direito germânico), sistema este que corres-

[198] MARIA FERNANDA PALMA, "A Constitucionalidade do Artigo 342.º do Código de Processo Penal (O Direito ao Silêncio do Arguido)", p. 106.

[199] Ou com a leitura, entre outros, do artigo 128.º, n.º 2, do Código de Processo Penal. MAIA GONÇALVES, em "Meios de Prova", a pp. 198, afirma: «[o] n.º 2 do artigo 128.º é reflexo do sistema de *césure* que o Código perfilhou, embora de forma muito cautelosa e mitigada».

[200] Sobre esta questão, e genericamente, *vd.*, por todos, FIGUEIREDO DIAS, *Direito Processual Penal*, vol. I, pp. 278 e ss.

ponde, em síntese, à divisão da fase do julgamento em dois momentos distintos: o momento da determinação da culpabilidade (entre nós, previsto no artigo 368.º do Código de Pocesso Penal) e o momento da determinação da sanção (entre nós, previsto no artigo 369.º do Código de Processo Penal); momentos estes que se podem aproximar da distinção do direito processual penal anglo-americano entre *conviction* e *sentence*[201].

Foram os adeptos das correntes da "*défense sociale*"[202] – correntes associadas a um Direito Penal de cunho marcadamente protetivo ou preventivo – que introduziram nas discussões doutrinárias, a partir do início da década de 50 deste século, a questão da *césure*. Encontramos, nos autores que se colocaram no campo dos defensores da *césure*, formulações muito diversas, mais extremas (como a de Filippo Gramatica[203]) ou mais moderadas (como as de Marc Ancel[204] e Paul Cornil[205]). Não cabe aqui referir essas formulações, nem tão-pouco optar por uma ou outra. Importa apenas, no âmbito deste trabalho, considerar que o sistema de *césure*, independentemente das várias configurações que pode assumir, tem uma finalidade dupla, no que diz respeito à audiência de julgamento: visa, por um lado, garantir a imparcialidade do julgador, evitando que a sua decisão, no que toca ao juízo de culpa, seja influenciada pelos antecedentes criminais e policiais do arguido, pela sua personalidade ou condições sociais[206]; e, do mesmo passo, procura também evitar qualquer intromissão desnecessária na vida privada

[201] Sobre o ponto, pode ver-se Jean Cedras, *Le Droit Pénal Américain*, pp. 116-120.

[202] Sobre este ponto, veja-se, para uma perspetiva geral, *Le Programme Minimum de la Société Internationale de Défense Sociale* e Marc Ancel, *La Défense Sociale Nouvelle*.

[203] Veja-se "Nuove Visioni del Processo Penale (Il Processo in 'Due Fasi')", nomeadamente pp. 872 e ss.

[204] Veja-se, por exemplo, "Le Rôle Social du Juge Pénal" e o citado *La Défense Sociale Nouvelle*.

[205] Veja-se, por exemplo, "La Césure entre la Condamnation et le Prononcé de la Peine" e "Déclin de la Césure dans le Procès Pénal".

[206] Em *O Futuro do Processo Criminal* (p. 85), afirma José António Barreiros: «[é] que a recolha factual dos elementos indiciários da infracção e da comparticipação de um determinado indivíduo nesses actos, que se efectuasse cumulativamente com um inquérito sobre a respectiva personalidade, haveria que ficar necessariamente prejudicada, na sua objectividade, porquanto as constatações sobre a história pregressa do inquirido haveriam de lesar a isenção de critério na aferição dos índices materializadores da infracção e do concurso desse agente na sua prática» E acrescenta (*ibidem*): «[t]ais razões militam, desde logo, no sentido do diferimento do incidente interlocutório de exame da personalidade para uma fase posterior ao veredicto de facto proferido na audiência de julgamento, em que a *schuldinterlokut*, que nos

do arguido – que se não relacione diretamente com o caso trazido a julgamento –, quando este ainda se presume inocente; por outro lado, os adeptos deste sistema consideram que só ele permite, ao contrário da estrutura unitária do julgamento, uma correta e suficiente consideração da personalidade do arguido, com vista à individualização da pena, à exata determinação da sua medida e ao correto tratamento penológico diferenciado dos condenados. Pode, pois, dizer-se que, para além da salvaguarda da imparcialidade do tribunal e da pessoa do arguido[207], a *césure* aparece também (e sobretudo ou quase exclusivamente, para alguns autores[208]) ligada a uma ideia ressocializadora[209], pelo que, por este lado, a divisão do julgamento em duas fases é o resultado, em Direito Processual Penal, de uma certa teleologia do Direito Penal – lê-se, aliás, no preâmbulo do Código Penal português vigente que «o Código traça um sistema punitivo que arranca do pensamento fundamental de que as penas devem sempre ser executadas com um sentido pedagógico e ressocializador».

Ao sistema de *césure* são feitas, naturalmente, inúmeras críticas. Antes de mais, a crítica à conceção jurídico-penal de que historicamente porveio, ou seja, a "defesa social"[210], onde não há lugar, ou só o há em termos secundários, para as ideias de culpa e de retribuição. Na verdade, a "defesa social" assenta em duas grandes linhas de orientação: por um lado, o processo penal deve ter como finalidade, não a punição do criminoso, mas o seu "melhoramento",

propõe a moderna doutrina germânica, se abriria tendo em vista agora já a individualização da responsabilidade criminal».

207 Assim também, por exemplo, José António Barreiros, em "Processo Penal: os anos do fim", que, embora aconselhando prudência quanto à consagração da *césure*, sublinha (p. 37) «a necessidade, para que uma razoável proporção de equilíbrio entre as partes e uma autêntica parificação estatutária entre elas fique garantida, de não permitir as indagações concernentes ao dossier da personalidade, antes que a culpa esteja judicialmente formada».

208 Por exemplo, Filippo Gramatica; veja-se "Nuove Visioni del Processo Penale (Il Processo in 'Due Fasi')".

209 Uma visão genealógica e crítica da recuperação do criminoso intentada pela e na prisão pode ver-se em Michel Foucault, *Vigiar e Punir...*, nomeadamente nas terceira e quarta partes desta obra ("Disciplina" e "Prisão", respetivamente). Veja-se também Teresa Pizarro Beleza, "O Mito da Recuperação do Delinquente no Discurso Punitivo do Código Penal de 1982".

210 Uma apreciação, em jeito de balanço e síntese, da "defesa social" (sobretudo, no que respeita ao pensamento de Marc Ancel), pode ser encontrada em Giuseppe Bettiol, *Scritti Giuridici (Le Tre Ultime Lezioni Brasiliane)*, pp. 34 e ss.

a sua ressocialização[211]; por outro lado, o processo não deve buscar apenas um juízo acerca do facto criminalmente relevante, mas deve intentar uma valoração (bio-psicológica) do indivíduo[212]. Outras críticas prendem-se com as dificuldades práticas da realização da *césure*, onde avulta a maior duração do processo penal (por via, entre outras, da questão do direito de recurso e do problema dos direitos de defesa e de contraditório na segunda fase do julgamento, a da determinação da sanção); ou com considerações de política processual penal; ou ainda com os vícios de raciocínio de que enfermam algumas das formulações mais extremas da *césure*. Não tendo este trabalho por escopo o tratamento detalhado deste sistema, não cabe desenvolver e apreciar aqui essas críticas.

Certo é que a *césure*, independentemente das suas falhas, parece procurar (e conseguir) uma decisão relativa à culpabilidade do arguido não influenciada por elementos estranhos ao caso trazido a julgamento. No seu *Direito Processual Penal*[213], Figueiredo Dias – autor que não pode ser considerado um entusiasta do sistema de *césure* – diz o seguinte: «[p]ois acontece infelizmente que, perante um arguido com um registo criminal pesado ou com características muito particulares da personalidade, os juízes se revelam menos exigentes na prova da infracção acusada, sobretudo se nela descobrem similitude com factos por que o arguido foi já condenado ou uma especial adequação de tais factos à sua personalidade. E seria justamente esta tendência inadmissível que importaria contrariar através da cisão do julgamento em duas fases». Mais à frente, o ilustre Professor insiste[214]: «[...] aquela que, a nossos olhos, poderia ser a maior vantagem [...] do sistema da *césure*: a de, excluindo da primeira fase tudo o que diz respeito à vida anterior do delinquente, impedir que o juiz forme préjuizos nesta base com influência na prova dos factos de que o arguido vem acusado»[215].

[211] Como na nota 209.

[212] Assim refere, por exemplo, Filippo Gramatica, "Nuove Visioni del Processo Penale (Il Processo in 'Due Fasi')", p. 871, reportando-se ao Congresso Internacional da "Defesa Social", de 1951, em S. Marino.

[213] Vol. I, pp. 278 e 279.

[214] *Ibidem*, p. 290.

[215] Na sua conferência, de 1983, a que chamou "Para uma Reforma Global do Processo Penal Português (da sua Necessidade e de Algumas Orientações Fundamentais)", Figueiredo Dias afirma, a pp. 218: «[a]o essencial da posição que assumi em 1974 [relativamente à *césure*]

Pode, pois, dizer-se que o sistema de *césure*, mesmo que não tenha a imparcialidade do julgador penal como propósito, terá essa consequência. Não deixa, pois, de existir uma certa incoerência no nosso Código de Processo Penal, se atentarmos nisto e nas "brechas" relativas ao princípio da presunção da inocência do arguido na fase do julgamento acima referidas. Dir-se-á, porventura, que tal incoerência não existe, se levarmos em conta que o sistema de *césure* não foi consagrado, entre nós, com o propósito de salvaguardar a imparcialidade do julgador penal, mas tão-só em homenagem a uma ideia ressocializadora, por via da correta determinação da sanção penal e do tratamento penológico do condenado; o que determinaria que nenhum problema existisse relativamente ao conhecimento pelo julgador dos antecedentes criminais do arguido ou de outros aspetos ligados ao seu passado e à sua personalidade, antes da fase da determinação da sanção prevista no artigo 369.º do Código de Processo Penal. E sempre se poderá também dizer que tal incoerência também não existe, simplesmente porque não se formam "pré-juízos" quanto ao caso trazido a julgamento com base no conhecimento dos antecedentes criminais do arguido, ou dos seus antecedentes policiais, ou ainda de certos traços da sua personalidade, os quais só serão tomados em conta quando da determinação da sanção[216]. Quanto a isto, diremos, por um lado, o que dissémos na parte III. deste trabalho e, por outro lado, que não nos parece que o escopo que presidiu à consagração do sistema da *césure*, entre nós, tenha sido unicamente assegurar uma melhor ressocialização do delinquente, pois isso equivaleria a ignorar uma das duas vertentes do sistema da *césure*, ao arrepio do pensamento doutrinal acerca desta questão[217]. Acresce, por último, que, mesmo que assim fosse, sempre caberia levar em conta que a *césure*, mesmo que não tenha esse pro-

continuo eu fiel». Optámos por citar longamente, no texto, as palavras do autor, por nos parecerem sobremaneira expressivas sobre o ponto que pretendemos sustentar.

[216] Esta ideia pode, por exemplo, ser encontrada na citada Proposta de Lei n.º 21/IV (em LOBO MOUTINHO, *Direito Processual Penal...*, nomeadamente p. 45).

[217] Não podem, aliás, deixar de ser levadas em conta as citadas palavras de FIGUEIREDO DIAS e a influência do pensamento deste autor no Código de Processo Penal português vigente. Palavras e influência estas que também nos autorizam a pensar que à consagração, entre nós, do sistema de *césure* não deixou de presidir, entre outros, o propósito de salvaguardar a imparcialidade do julgador penal. E, de outro passo, podemos e devemos chamar à colação em defesa da ideia de que o sistema de *césure* foi consagrado, entre nós, também com um propósito de assegurar a imparcialidade do julgador, por exemplo, os artigos 128.º, n.º 2, 356.º, 370.º, n.º 4,

pósito, tem essa consequência, sendo certo, quanto a nós, que a coerência de um sistema legal se mede tanto pelo seu espírito e pela sua sistemática quanto pelas suas consequências ou, por outras palavras, tanto pelo *law in books* quanto pelo *law in action*.

Assim e tudo visto, tendo sido consagrado pelo nosso Código de Processo Penal – ainda que numa modalidade moderada[218] (a chamada modalidade do "juiz imutável") – um sistema de cisão do julgamento em duas fases, dificilmente se compreendia que o legislador tivesse deixado "entrar pela janela", através do antigo n.º 2 do artigo 342.º do Código de Processo Penal, o que não deixou que "entrasse pela porta" – permitam-se as expressões.

10. Vai já longo o caminho trilhado no campo do princípio da presunção da inocência do arguido na fase do julgamento no atual processo penal português, caminho esse que – como inicialmente afirmámos – mais não pretendeu ser do que um esboço ou um princípio de caminho. É chegado, pois, o momento de concluirmos.

Ora, do exposto neste trabalho e do que nele fica implícito, e no terreno em que o situámos, não podemos deixar de concluir que causa espanto a contradição entre, por um lado, a abundância de garantias do arguido, no que toca à consagração de princípios jurídicos e a afirmações grandiloquentes (nomeadamente na Constituição da República), e, por outro lado, a frustração de algumas dessas garantias, por via de certos preceitos legais e ainda por via de certos procedimentos judiciais, que vão para lá ou contra normas processuais penais[219], quer direta, quer indiretamente, nomeadamente criando obstáculos à plena realização daquelas garantias e daqueles princípios.

e 371.º do Código de Processo Penal, cujas proibições não visam apenas preservar, a nosso ver, a dignidade do arguido.

[218] Teresa Pizarro Beleza chama-lhe «moderada separação», em *Apontamentos de Direito Processual Penal*, vol. III, p. 54. «Cisão mitigada» chama-lhe a citada Proposta de Lei n.º 21/IV (que pode ver-se em Lobo Moutinho, *Direito Processual Penal...*, p. 45).

[219] A História, aliás, ensina-nos que para um princípio ser respeitado não basta a sua consagração constitucional, é essencial que a lei ordinária e a prática sejam orientadas para o seu respeito. Constituições com garantias de defesa dos direitos individuais serviram e servem regimes pouco respeitadores desses direitos. A este propósito, pode encontrar-se uma análise interessante (ainda que fortemente ideologizada, política e corporativamente) em Rui Pinheiro e Artur Maurício, *A Constituição e o Processo Penal*, pp. 13 a 32.

E mesmo sabendo que, como ensina Teresa Pizarro Beleza[220], «muitas normas de processo penal situam-se em algum ponto de equilíbrio, por vezes difícil e sempre delicado, entre as necessidades de investigação e repressão de factos geradores de responsabilidade criminal e a exigência de respeitar os direitos das pessoas», parece-nos que, nos casos apontados neste trabalho como sendo suscetíveis de constituir "brechas" relativamente ao princípio da presunção da inocência do arguido na fase do julgamento, não está em causa aquele difícil e delicado equilíbrio. Razão pela qual, entre outras, se imporia uma tentativa de encontrar, para lá da nossa tradição jurídica e, porventura, da "distração" do legislador (seja-nos permitida, uma vez mais, a liberdade de linguagem), os motivos que ditaram a consagração, no nosso atual processo penal, da unidade material dos autos, da receção da acusação e do saneamento do processo pelo juiz de julgamento nos termos estabelecidos no artigo 311.º do Código de Processo Penal e do conhecimento dos antecedentes criminais do arguido no início da audiência de julgamento tal como prescrevia o antigo n.º 2 (e n.º 3) do artigo 342.º do Código de Processo Penal. Mas isso seria já objeto para outro (ou outros) trabalho(s).

Por nós, quedamo-nos por aqui, na expectativa, não de termos resolvido os problemas que aqui enunciámos, nem tão-pouco de termos convencido quem nos leu de que se trata de verdadeiros problemas, mas tão-só de termos conseguido explicar porque é que, a nosso ver, se trata de verdadeiros problemas, face ao princípio da presunção da inocência do arguido. Se o tivermos conseguido, teremos alcançado o objetivo que elegemos ao iniciar este trabalho.

[220] *Apontamentos de Direito Processual Penal*, vol. II, p. 137.

V
Conclusões

1.ª O princípio da presunção da inocência do arguido até ao trânsito em julgado da sentença condenatória encontra-se estabelecido na ordem jurídica portuguesa, tendo cobertura constitucional, nos termos do n.º 2 do artigo 32.º da Constituição da República (e ainda nos termos da Declaração Universal dos Direitos do Homem, do Pacto Internacional sobre os Direitos Civis e Políticos e da Convenção Europeia dos Direitos do Homem).

2.ª A primeira grande incidência do princípio da presunção da inocência do arguido (entre outras, de menor alcance) que cumpre destacar é na matéria da prova em processo penal, decorrendo daquele princípio, fundamentalmente: a inexistência de um ónus probatório do arguido em processo penal, no sentido de que o arguido não tem que provar a sua inocência para ser absolvido; um princípio *in dubio pro reo*; e ainda que o arguido não é mero objeto ou meio de prova, mas sim um livre contraditor do acusador, com armas iguais às dele.

3.ª Na verdade, e em primeiro lugar, o princípio da presunção da inocência do arguido isenta-o do ónus de provar a sua inocência, a qual aparece imposta (ou ficcionada) pela lei; o que carece de prova é o contrário, ou seja, a culpa do arguido, concentrando a lei o esforço probatório na acusação.

4.ª Deve, contudo, ter-se em atenção que o arguido, a despeito de ser presumido inocente, tem todo o interesse (e, naturalmente, o direito) em contradizer a acusação contra si proferida, por um lado; sendo certo, por outro lado, que o princípio da presunção da inocência e a incapacidade da acusação de provar a culpa do arguido não conduzem, necessariamente, num sistema acusatório temperado por um princípio de investigação, como é o nosso, à absolvição do arguido; por fim, deve levar-se em conta que não pode falar-se num verdadeiro ónus da prova do Ministério Público, *maxime* devido ao estatuto de objetividade a que está sujeito.

5.ª Em segundo lugar, do referido princípio da presunção da inocência do arguido (embora não exclusivamente dele) decorre um princípio *in dubio pro reo*, princípio que, procurando responder ao problema da dúvida na apreciação do caso criminal (não a dúvida sobre o sentido da norma, mas a dúvida sobre o facto), e partindo da premissa de que o juiz não pode terminar o julgamento com um *non liquet*, determina que, na dúvida quanto ao sentido em que aponta a prova feita, o arguido seja absolvido.

6.ª Em terceiro lugar, decorre do princípio da presunção da inocência do arguido que este não é um mero objeto ou meio de prova, mas sim um livre contraditor do acusador, com armas iguais às dele, devendo frisar-se que daqui decorre – e em ligação com o princípio da preservação da dignidade pessoal – que a utilização do arguido como meio de prova é sempre limitada pelo integral respeito pela sua decisão de vontade; ou seja, o arguido, em matéria de prova, não pode ser obrigado a colaborar com o tribunal, além de que a sua confissão (por si, já um ato espontâneo de colaboração) se acha rodeada de especiais cuidados.

7.ª E se é certo que o princípio da presunção da inocência do arguido opera decisivamente sobre a questão da prova, não é menos verdade que esse princípio tem outra significativa incidência no processo penal (entre outras, menos significativas): impõe que o arguido seja titular de um estatuto e receba um tratamento e uma consideração próprios de alguém que é considerado inocente e que, portanto, está no uso do seu *jus libertatis* – pelo menos, até onde o exercício do *jus puniendi* do Estado o não restringir.

8.ª Significa isto que, estando o arguido, no curso de um processo penal, mergulhado num estado de dúvida, numa ordem jurídica assente na dignidade da pessoa humana e em princípios de liberdade e democracia, a presunção da inocência do arguido em processo penal terá também por função impor que a contenção, a suspensão e a negação de direitos do arguido (seja "dentro" do processo, seja "fora" dele) sejam o mais limitadas possível (quantitativa e qualitativamente) e que assumam um carácter transitório e reversível, de modo a assegurar que, uma vez alcançada uma decisão no sentido da inocência do arguido, aquelas contenção, suspensão e negação sofridas pelo arguido ao longo do processo se possam considerar "suportáveis".

9.ª A presunção da inocência do arguido não é uma presunção em sentido técnico-jurídico, é, sim, um direito do arguido – e, por conseguinte (como todos os direitos), um comando, dirigido ao legislador ordinário, impondo-lhe que legisle no sentido de que não saia diminuído, direta ou indiretamente, o princípio da presunção da inocência do arguido, e um comando dirigido aos sujeitos processuais penais cujas esferas tanjam a esfera do arguido. O direito a ser presumido inocente, em suma, com as incidências apontadas.

10.ª Se o pensamento jurídico relativo à decisão judicial tem sido marcado pelo modelo explicativo, de matriz aristotélico-escolástica e de cunho lógico-subsuntivo, do silogismo judiciário, cumpre hoje reconhecer que tal modelo está ultrapassado, sendo de levar em conta o modelo explicativo do "círculo hermenêutico", que, em suma, nos diz que, sendo o conhecimento sempre situado e vinculado à historicidade do intérprete (ao seu "estar-no-mundo"), que não é um "ego puro", mas intersubjetivamente determinado, num processo de conhecimento, o objeto, que não é algo "exterior" ao sujeito, é por este, de alguma forma, "(re)construído", com base no conhecimento vivencial, implícito, pré-predicativo desse sujeito.

11.ª E aquele "estar-no-mundo" determina também que o sujeito, quando chega ao conhecimento do objeto, traga já uma antecipação de sentido, uma "pré-compreensão" desse mesmo objeto, a qual é determinada, por um lado, pela sua experiência, pela sua *praxis*, e, por outro lado, pelo primeiro contacto que teve com o mesmo objeto.

12.ª No que diz respeito à decisão judicial, isto significa que, em face do caso, em face do *thema decidenduum*, a "pré-compreensão" do mesmo, isto é, aquilo que num primeiro contacto (e sob a decisiva influência da experiência do julgador, do "seu mundo") é prefigurado como sendo a "decisão justa", determina a compreensão e a valoração dos factos, a heurística e a hermenêutica da norma e, assim, a decisão final.

13.ª Ao contrário do modelo do silogismo, que consubstancia um tipo de racionalidade que atuaria *per modum conclusionum*, ou seja, inferindo as conclusões a partir dos princípios, o modelo do "círculo hermenêutico" consubstancia um tipo de racionalidade que atuaria *per modum determinationis*, especificando os princípios em relação com o caso concreto, coordenando o geral e o particular em termos que não seriam os de uma subsunção, mas de uma "assimilação".

14.ª No estudo da questão da "pré-compreensão" na decisão judicial, devemos destacar o nome de JOSEF ESSER e, sobretudo, a sua obra *Vorverständnis und Methodenwahl in der Rechtsfindung*, falando ESSER de *Vorverständnis*, pelo menos, em três aceções: como antecipação de sentido, isto é, em termos a que poderemos chamar gnoseológicos; como determinações psicológicas ou sociológicas que guiam o juiz no seu procedimento de resolução de casos, ou seja, em termos do que se poderá designar por uma "sociologia da atividade judicial"; por último, como valorações prévias e provisórias do caso a decidir, que influenciam mesmo a heurística e a hermenêutica da norma aplicável.

15.ª Entre nós, no que tange ao pensamento acerca da decisão judicial, cumpre destacar CASTANHEIRA NEVES, que centra o seu pensamento no campo do problema metodológico-jurídico e, para o que aqui nos interessa, no problema da distinção entre a questão-de-facto e a questão-de-direito, identificando em cada uma delas dois momentos fundamentais.

16.ª No que respeita à questão-de-facto, temos para CASTANHEIRA NEVES, em primeiro lugar, a determinação do âmbito de relevância jurídica a reconhecer à situação histórico-concreta problemática, ou seja, trata-se de delimitar e de determinar, na globalidade da situação histórica em que o problema jurídico concreto se situa, o âmbito e o conteúdo da relevância jurídica dessa situação problemática; e este é, precisamente, o campo daquilo a que acima chamámos "pré-compreensão". Em segundo lugar, a comprovação dos elementos específicos dessa relevância e dos seus efeitos; aqui, fundamentalmente, o problema da prova, não da prova de factos puros, mas da comprovação de que o problema jurídico – já antecipado e "pré-compreendido", no momento anterior –, como problema prático, existe, ou seja, tem fundamento fáctico.

17.ª Quanto à questão-de-direito, para Castanheira Neves, temos uma análise que distingue: a questão-de-direito em abstrato, que tem por objeto a determinação do critério jurídico que haverá de orientar e concorrer para fundamentar a solução jurídica do caso a decidir; a questão-de-direito em concreto, que diz respeito ao problema do próprio juízo concreto que há-de decidir o caso *sub judice*. De uma certa forma, a questão-de-direito em concreto comporta uma comprovação (ou não) da questão-de-facto no primeiro dos seus sentidos acima apontados.

18.ª A aceitação do modelo explicativo do "círculo hermenêutico" e o reconhecimento da "pré-compreensão" na decisão judicial não significam que à decisão judicial presida o arbítrio ou a discricionariedade, no sentido de voluntarismo e individualismo acrítico, ou a mais pura subjetividade, no sentido de uma interpretação do facto trazido a julgamento desligada de um esforço de objetividade, objetividade enquanto atribuição de um sentido suscetível de ser comummente reconhecido. O que se pretende é salientar a dimensão criadora da função do juiz, função essa sempre sujeita à obrigação de motivação das decisões, que procura, além do mais, a adesão às decisões, o seu reconhecimento, a sua aceitação, por parte da comunidade jurídica.

19.ª Contudo, a motivação não afasta o "pré-juízo". Uma coisa é o mecanismo de obtenção da decisão, outra coisa é a motivação dessa decisão, que, desde logo, pode ou não explicitar o que determinou esta ou aquela escolha, esta ou aquela decisão (em bom rigor, deveria sempre explicitar), sendo certo, por outro lado, que mesmo que se explicite, em sede de motivação, o "pré-juízo" que esteve na base de uma determinada decisão, o mesmo será, o mais das vezes, suscetível de aceitação e reconhecimento por parte da comunidade, pois esse "pré-juízo" decorre, em toda a linha, do "círculo" de vivências e de linguagem do julgador, da condição humana e social do julgador, afinal, condição comum aos demais (a muitos, ao menos) elementos da comunidade – e, assim, aos demais participantes processuais.

20.ª A aplicação do Direito ao caso concreto pressupõe sempre o papel criador do juiz e a "pré-compreensão" é um elemento incontornável da decisão judicial, como de todo o fenómeno de conhecimento. Razão pela qual devemos afastar todos os elementos que possam viciar ou orientar numa certa direção essa "antecipação de sentido" do binómio caso-norma, devemos procurar afastar todos os meios de orientação do juízo do julgador, pugnando pela "pureza" desse juízo, entendendo essa "pureza", não como total (e impossível e indesejável, já se viu) alheamento do mundo, mas como alheamento relativamente ao processo anterior à fase do julgamento e relativamente à vida do arguido anterior e posterior aos factos em apreço, quando não relacionada com tais factos.

21.ª Certo é também que não podemos afirmar a possibilidade de realização, na sociedade, de uma ideia, quando forem criadas, formalmente, condições de obstrução efetiva da mesma, ou seja, tão importantes como as violações diretas a certos princípios são as condutas que só indiretamente os afetam, designadamente através da criação de obstáculos ao seu pleno desenvolvimento, à sua plena realização.

22.ª No início da fase do julgamento penal, entre nós, a lei não se limita a dar ao juiz a possibilidade de conhecer o que das fases processuais anteriores ficou, em termos documentais, mas impõe-lhe que o faça, visto que lhe cabe sanear o processo, nos termos do artigo 311.º do Código de Processo Penal.

23.ª Sendo certo que o primeiro contacto que o sujeito toma com o objeto que se oferece ao seu conhecimento é determinante para os "pré-juízos" que forma (ou pode formar) sobre esse mesmo objeto, cumpre assinalar que o contacto que o juiz de julgamento toma com o caso, por via dos autos, em ordem ao saneamento do processo, é, por um lado, um contacto "desequilibrado" (digamos assim), pois, em regra, na altura do saneamento do processo previsto no artigo 311.º do Código de Processo Penal, o processo há-de conter mais suportes da acusação do que da defesa, sendo certo, por outro lado, que o conhecimento dos autos, em toda ou em parte da sua extensão, faz o juiz tomar conhecimento de elementos que poderão influenciar, de modo determinante, a sua decisão.

24.ª Na verdade, ao conhecer as peças do inquérito (*maxime* o despacho de acusação), o juiz de julgamento conhece, no essencial, o caso tal como ele é visto pela acusação. Ora, é sabido que a acusação é uma antecipação da decisão final, um projeto de sentença, sendo certo que, se o primeiro contacto do juiz com o caso é por via da acusação, o seu "pré-juízo" sobre o caso poderá ser um "pré-juízo" orientado no sentido do "caso da acusação", mantendo-se o mesmo "desequilíbrio", quantitativo e qualitativo, mesmo nos casos em que houve instrução requerida pelo arguido (quer em virtude da existência nos autos de mais suportes da acusação do que da defesa, quer em virtude da natureza da instrução e do modo como esta se processa).

25.ª E se é certo que, recebendo e saneando os autos com as peças do inquérito (e, se for o caso, da instrução), o juiz toma com o caso um contacto "desequilibrado" a favor do "caso da acusação", não é menos verdade que o juiz de julgamento só tomará contacto com a visão da defesa algum tempo depois (nos casos de não ter havido instrução requerida pelo arguido), no momento da apresentação da contestação ou só no momento da audiência de julgamento. E relevante é também o facto de, antes da audiência de julgamento, o juiz de julgamento, caso tenha havido apresentação de contestação, não só conhecer em momentos diferentes a visão da acusação e a visão da defesa (a primeira sempre em primeiro lugar), como conhecer também as diligências probatórias da acusação em sede de inquérito, sem correspondência com diligências probatórias da defesa.

26.ª O princípio do contraditório impõe que toda a prossecução processual deve cumprir-se de modo a fazer ressaltar não só as razões da acusação mas também as da defesa, implica que ao arguido haja de ser dada a oportunidade de reagir relativamente a quaisquer decisões, de entidades instrutórias (nomeadamente do MP), mas também do juiz, sempre que aquelas atinjam diretamente a esfera jurídica das pessoas, devendo aquela oportunidade ser efetiva e eficaz; por seu lado, o princípio da igualdade de armas, cabendo naquele mais vasto princípio do contraditório, tem especificamente a ver com as posições e atuações processuais da acusação e da defesa, significando a atribuição à acusação e à defesa de meios jurídicos igualmente eficazes para tornar efetivos os seus direitos.

27.ª A receção da acusação pelo juiz de julgamento tal como configurada no artigo 311.º do Código de Processo Penal pode pôr em causa os princípios do contraditório e da igualdade de armas, porquanto, basicamente, a acusação chega ao conhecimento do juiz de julgamento em um momento anterior (muito anterior, o mais das vezes) ao momento em que a defesa (ressalvados os casos de ter havido instrução requerida pelo arguido) chega ao seu conhecimento, seja por via da apresentação da contestação, nos termos do artigo

315.º do Código de Processo Penal, seja já na audiência de julgamento. Ora, desta sorte, os "pré-juízos" que o juiz pode formar sobre o caso poderão, não só ser orientados no sentido do "caso da acusação", como poderão também não ser eficazmente contrariados pela defesa, quando esta chega ao conhecimento do juiz de julgamento, dado o lapso de tempo que medeia entre uma coisa e outra.

28.ª E a receção da acusação pelo juiz de julgamento tal como configurada no artigo 311.º do Código de Processo Penal acaba também por pôr em causa o princípio da presunção da inocência do arguido, por uma outra via (indireta, se quisermos), pois é suscetível de impedir o arguido, ao retirar eficácia à sua defesa, de evitar que a presunção da sua inocência seja "ilidida" – sendo certo que, se é verdade que decorre da presunção da inocência do arguido que ele não tem que provar a sua inocência para ser absolvido, não é menos verdade que tem todo o interesse (e, antes disso, naturalmente, o direito) e devem-lhe ser dados todos os meios para que possa evitar que a presunção da sua inocência seja "ilidida", pelo Ministério Público e/ou pelo Tribunal.

29.ª O já assinalado "desequilíbrio" do primeiro contacto do juiz de julgamento com o caso trazido a julgamento, podendo orientar os seus "pré-juízos" sobre o caso, no sentido da tese da acusação, é suscetível, *ipso facto*, de pôr em causa o princípio da presunção da inocência do arguido, por duas ordens de razões: em primeiro lugar, se esses "pré-juízos" forem orientados no sentido da tese da acusação, formar-se-á no julgador uma "(pré-)convicção" da culpabilidade do arguido, ainda antes do início da audiência de julgamento, o que, não só constitui como que uma inversão do princípio da presunção da inocência do arguido (e do comando dirigido ao juiz de julgamento que ele encerra), como pode conduzir a um ónus da prova para o arguido – ónus da prova sub-reptício e informal, digamos –, pois, se o juiz inicia o julgamento com uma "pré-convicção" da culpabilidade do arguido, se este não provar a sua inocência, poderá ser condenado.

30.ª Em segundo lugar, os referidos "pré-juízos", orientados no sentido da tese da acusação, podem conduzir à violação do princípio *in dubio pro reo*, ainda que indiretamente, uma vez que um *non liquet* que, à partida, poderia existir no fim da audiência de julgamento, atendendo à prova aí produzida e aos argumentos aí expendidos, poderá não existir, por força dos referidos "pré-juízos" orientados no sentido da tese da acusação.

31.ª E os perigos de ofensa, do mesmo modo, ao princípio da presunção da inocência do arguido referidos avolumam-se, se levarmos em conta que, para além do contacto "desequilibrado" do julgador com o caso trazido a julgamento, no momento do saneamento do processo, a unidade (material) dos autos permite ao julgador – quer no momento do saneamento do processo, quer durante toda a fase do julgamento – tomar conhecimento de elementos que poderão influenciar, de modo determinante, a sua decisão – como, por exemplo, os fundamentos de aplicação de medidas de coação, as diligências probatórias levadas a cabo em sede de inquérito pelo Ministério Público, as diligências probatórias levadas a cabo durante a instrução, a conjugação de um despacho de acusação com um despacho de pronúncia, o relatório social do arguido e os antecedentes criminais do arguido.

32.ª E isto é tanto mais grave, quanto mais levarmos em conta a contradição que traz relativamente a outros princípios estruturantes do nosso processo penal hodierno: em primeiro lugar e em primeira linha, o princípio do acusatório – que, para além de impor a vinculação temática, tem uma dimensão material, ou seja, implica a distinção entre as fases do processo, inquérito, instrução e julgamento, mas também uma dimensão orgânico-subjetiva, isto é, implica que as entidades a quem cabe dirigir as sobreditas três fases processuais penais sejam distintas; em segundo lugar, o princípio consagrado no artigo 355.º do Código de Processo Penal – o princípio de que só valem em julgamento, nomeadamente para efeitos de formação da convicção do tribunal, as provas que tiverem sido produzidas ou examinadas em audiência; em terceiro lugar, o sistema de *césure*, previsto nos artigos 368.º e 369.º do Código de Processo Penal.

33.ª Pensamos que as "brechas" relativas ao princípio da presunção da inocência do arguido existentes no nosso atual sistema processual penal que temos vindo a apontar não existirão (pelo menos, tão marcada e extensivamente) em um sistema processual penal de tipo anglo-americano, onde o juiz de julgamento não tem um conhecimento prévio do processo relativo às fases instrutórias (*lato sensu*), nem tem um conhecimento do "caso da acusação" em um momento (muito) anterior ao momento em que conhece o "caso da defesa".

34.ª O conhecimento dos antecedentes criminais do arguido no início da audiência de julgamento é suscetível de orientar a "pré-compreensão" do julgador em um ou outro sentido, consoante o passado criminal do arguido seja mais ou menos "limpo" (digamos assim, por comodidade de expressão), razão pela qual consideramos que os preceitos legais que o imponham ou permitam e os procedimentos judiciais que a ele conduzam redundam na violação do princípio da presunção da inocência do arguido, quer pela via da questão do "ónus da prova", quer pela via do princípio *in dubio pro reo*, pelos motivos expostos.

35.ª Por outro lado, o conhecimento dos antecedentes criminais do arguido no início da audiência de julgamento, quando imposto nos termos em que o era pelo antigo n.º 2, conjugado com o antigo n.º 3, do artigo 342.º do Código de Processo Penal, viola o princípio da presunção da inocência do arguido por via do terceiro corolário deste princípio em matéria de prova que apontámos (ou seja, que o arguido não é um mero objeto ou meio de prova, mas sim um livre contraditor do acusador, com armas iguais às dele) e ainda por via da incidência do princípio em causa no estatuto do arguido, pois assim se transforma o arguido, compulsivamente, em "meio de prova", impondo-lhe uma colaboração com a acusação e uma consequência penal pela recusa dessa colaboração incompatíveis com o seu direito a ser presumido inocente e com o seu estatuto, onde avultam as suas garantias de defesa e a sua qualidade de sujeito processual – e onde avulta também o seu direito ao silêncio, assim também violado.

36.ª O conhecimento dos antecedentes criminais do arguido no início da audiência de julgamento, pelas consequências que pode ter, está em contradição com o sistema de *césure* (consagrado, entre nós, nos artigos 368.º e 369.º do Código de Processo Penal), sistema que tem uma dupla finalidade. No que diz respeito à audiência de julgamento: visa, por um lado, garantir a imparcialidade do julgador, evitando que a sua decisão, no que toca ao juízo de culpa, seja influenciada pelos antecedentes criminais e policiais do arguido, pela sua personalidade ou condições sociais; e, do mesmo passo, procura também evitar qualquer intromissão desnecessária na vida privada do arguido, quando este ainda se presume inocente; por outro lado, os adeptos deste sistema consideram que só ele permite, ao contrário da estrutura unitária do julgamento, uma correta e suficiente consideração da personalidade do arguido, com vista à individualização da pena, à exata determinação da sua medida e ao correto tratamento penológico diferenciado dos condenados.

37.ª Tudo visto, relativamente à questão do princípio da presunção da inocência do arguido na fase do julgamento no atual processo penal português, e no terreno em que o situámos, não podemos deixar de concluir que causa espanto a contradição entre, por um lado, a abundância de garantias do arguido, no que toca à consagração de princípios jurídicos e a afirmações grandiloquentes (nomeadamente, na Constituição da República), e, por outro lado, a frustração de algumas dessas garantias, por via de certos preceitos legais e ainda por via de certos procedimentos judiciais, que vão para lá ou contra normas processuais penais, quer direta, quer indiretamente, nomeadamente criando obstáculos à plena realização daquelas garantias e daqueles princípios.

VI
Bibliografia

ANCEL, Marc, "Le Rôle Social du Juge Pénal", *in Estudos* "In Memoriam" *do Prof. Doutor José Beleza dos Santos*, vol. I (*Boletim da Faculdade de Direito de Coimbra*, Suplemento XVI), 1966, pp. 203-213.

— *La Défense Sociale Nouvelle*, 12.ª ed. (rev. e aum.), Paris, Éditions Cujas, 1971.

ANDRADE, Abel de, "Primeiras Linhas de um Curso de Processo Penal", *in* Teresa Pizarro Beleza/Frederico Isasca, *Direito Processual Penal – Textos*, Lisboa, AAFDL Editora, 1992, pp. 191-235.

ASCENSÃO, José de Oliveira, *O Direito – Introdução e Teoria Geral (Uma Perspectiva Luso-Brasileira)*, 7.ª ed. (rev.), Coimbra, Almedina, 1993.

ASSOCIATION INTERNATIONALE DE DROIT PÉNAL, "La Protection de la Liberté Individuelle Pendant L'Instruction Judiciaire – Rapport Général", VI Congrès International de Droit Pénal (1953, Roma), *Revue Internationale de Droit Pénal*, ano 24, n.º 3 (1953).

BARREIROS, José António, *Processo Penal – 1*, Coimbra, Almedina, 1981.

— *O Futuro do Processo Criminal*, conferência proferida em 1983, s.l., s.n., s.d.

— "Processo Penal: os anos do fim", *Boletim do Ministério da Justiça*, n.º 343 (fevereiro, 1985), pp. 5-47.

— "As Medidas de Coacção e de Garantia Patrimonial no Novo Código de Processo Penal", *Boletim do Ministério da Justiça*, n.º 371 (dezembro, 1987), pp. 5-35.

— "O Julgamento no Novo Código de Processo Penal", *in Jornadas de Direito Processual Penal – O Novo Código de Processo Penal*, Coimbra, Almedina, 1995 (publicado originalmente em 1988), pp. 271-287.

— *Processo Penal – 1*, Coimbra, Almedina, 1981.

BELEZA, Teresa Pizarro, *Direito Penal*, vol. II, Lisboa, AAFDL Editora, 1980.

— "O Mito da Recuperação do Delinquente no Discurso Punitivo do Código Penal de 1982", *Revista do Ministério Público*, ano 4, vol. 16 (1983), pp. 9-42.

BELEZA, Teresa Pizarro/OUTROS, *Apontamentos de Direito Processual Penal*, vols. I, II e III, Lisboa, AAFDL Editora, 1992 (vols. I e II) e 1995 (vol. III).

BETTIOL, Giuseppe, "Presunzioni ed Onere della Prova nel Processo Penale", *Rivista Italiana di Diritto Penale*, ano VIII, n.º XIV (1936), pp. 241-259.

— "La Regola 'In Dubio pro Reo' nel Diritto e nel Processo Penale", *Rivista Italiana di Diritto Penale*, ano IX, n.º XV (1937), pp. 241-254.

— *Scritti Giuridici (Le Tre Ultime Lezioni Brasiliane)*, Padova, Cedam, 1987.

BOULOC, Bernard, "Présomption d'Innocence et Droit Pénal des Affaires", *Revue de Science Criminelle et de Droit Pénal Comparé*, n.º 3 (julho-setembro, 1995) pp. 465-473.

CANARIS, Claus-Wilhelm, *Pensamento Sistemático e Conceito de Sistema na Ciência do Direito*, Lisboa, Fundação Calouste Gulbenkian, 1989 (trad. de Menezes Cordeiro, de *Systemdenken und Systembegriff in der Jurisprudenz*, 2.ª ed., Berlin-Steglitz, Duncker & Humblot, 1983).

CANOTILHO, Gomes/MOREIRA, Vital, *Constituição da República Portuguesa – Anotada*, 3.ª ed. (rev.), Coimbra, Coimbra Editora, 1993.

CEDRAS, Jean, *Le Droit Pénal Américain*, Paris, Presses Universitaires de France, 1997.

CHORÃO, Mário Bigotte, "Integração de Lacunas", *in Polis – Enciclopédia Verbo da Sociedade e do Estado*, vol. 3, Lisboa/S. Paulo, Verbo, s.d., pp. 591-618.

CORDEIRO, António Menezes, "Tendências Actuais da Interpretação da Lei: do Juiz-autómato aos Modelos de Decisão Jurídica", *Revista Jurídica*, n.ºs 9 e 10 (janeiro-junho, 1987), Nova Série, pp. 7-15.

— *Teoria Geral do Direito Civil*, vol. I, 2.ª ed. (rev. e atual.), Lisboa, AAFDL Editora, 1987/88.

— *Introdução* à edição portuguesa de Claus-Wilhelm Canaris, *Pensamento Sistemático e Conceito de Sistema na Ciência do Direito* (*vd.* CANARIS), publicado também, com alterações, na *Revista da Ordem dos Advogados*, ano 48, vol. III (dezembro, 1988), pp. 697-772, com o título "Ciência do Direito e Metodologia Jurídica nos Finais do Século XX".

CORDEIRO, Robalo, "Audiência de Julgamento", *in Jornadas de Direito Processual Penal – O Novo Código de Processo Penal*, Coimbra, Almedina, 1995 (publicado originalmente em 1988), pp. 289-316.

CORNIL, Paul, "La Césure entre la Condamnation et le Prononcé de la Peine", *Boletim da Faculdade de Direito de Coimbra*, vol. XXXI (1955), pp. 96-116.

— "Déclin de la Césure dans le Procès Pénal", *in Estudos "In Memoriam" do Prof. Doutor José Beleza dos Santos*, I, *Boletim da Faculdade de Direito de Coimbra*, supl. XVI (1966), pp. 215-227.

Correia, Eduardo (com a colaboração de Figueiredo Dias), *Direito Criminal*, vol. I (reimp. da edição de 1963), Coimbra, Almedina, 1996.

Costa, António Manuel de Almeida, "Alguns Princípios para um Direito e Processo Penais Europeus", *Revista Portuguesa de Ciência Criminal*, ano 4, fasc. 2 (abril--junho, 1994), pp. 199-215.

Costa, Eduardo Maia, "Tribunais: independência e legitimidade", *Revista do Ministério Público*, ano 15.º, n.º 58 (abril-junho, 1994), pp. 125-134.

David, René, *Os Grandes Sistemas do Direito Contemporâneo*, 3.ª ed., São Paulo, Martins Fontes, 1996 (trad. de Hermínio A. Carvalho, de *Les Grands Systèmes du Droit Contemporains*, s.l., s.e., s.d.).

Delmas-Marty, Mireille (dir.), *Procédures Pénales d'Europe*, 1re édition, Paris, Presses Universitaires de France, 1995.

Dias, Jorge de Figueiredo, "Ónus de Alegar e de Provar em Processo Penal?" (Anotação ao Acórdão do Supremo Tribunal de Justiça de 14.07.1971), *Revista de Legislação e Jurisprudência*, ano 105, n.º 3473, pp. 125-128, e n.º 3474, pp. 139-143 (1972-1973).

— *Direito Processual Penal*, vol. I, Coimbra, Coimbra Editora, 1974.

— "La Protection des Droits de L'Homme dans la Procedure Penale Portugaise", *Boletim do Ministério da Justiça*, n.º 291 (dezembro, 1979), pp. 163-191.

— "Para uma Reforma Global do Processo Penal Português (Da sua Necessidade e de Algumas Orientações Fundamentais)", conferência proferida em 1983, *in Para uma Nova Justiça Penal*, reimp., Coimbra, Almedina, 1996, pp. 189-242.

— "O Novo Código de Processo Penal", *Boletim do Ministério da Justiça*, n.º 369 (outubro, 1987), pp. 5-23.

— "Sobre os Sujeitos Processuais no Novo Código de Processo Penal", *in Jornadas de Direito Processual Penal – O Novo Código de Processo Penal*, Coimbra, Almedina, 1995 (publicado originalmente em 1988), pp. 1-34.

— "Do Princípio da 'Objectividade' ao Princípio da 'Lealdade' do Comportamento do Ministério Público no Processo Penal" (Anotação ao Acórdão do Supremo Tribunal de Justiça n.º 5/94), *Revista de Legislação e Jurisprudência*, ano 128, n.º 3860 (março, 1996), pp. 344 e ss.

Dias, Jorge de Figueiredo/Andrade, Manuel da Costa, *Criminologia: o Homem Delinquente e a Sociedade Criminógena* (reimp. da edição de 1984), Coimbra, Coimbra Editora, 1992.

Dias, Jorge de Figueiredo/Antunes, Maria João, "La Notion Européenne de Tribunal Indépendant et Impartial (une Approche à Partir du Droit Portugais de Procédure Pénale)", *Revue de Science Criminelle et de Droit Pénal Comparé*, n.º 4 (outubro-dezembro, 1990), pp. 733-741.

DIAS, Jorge de Figueredo/OUTROS (debate), "A Revisão Constitucional e o Processo Penal", *in* Teresa Pizarro Beleza/Frederico Isasca, *Direito Processual Penal – Textos*, Lisboa, AAFDL Editora, 1992, pp. 5-97.

ECO, Umberto, *Como se Faz uma Tese em Ciências Humanas*, 6.ª ed., Lisboa, Editorial Presença, 1995 (trad. de Ana Falcão Bastos e Luís Leitão, de *Como Si Fa Una Tesi Di Laurea*, Milão, Casa Editrice Valentino Bompiani & C., 1977).

ENGISCH, Karl, *Introdução ao Pensamento Jurídico*, 6.ª ed., Lisboa, Fundação Calouste Gulbenkian, s.d. (trad. de João Baptista Machado, de *Enführung in das Juristische Denken*, Stuttgart, Verlag W. Kohlhammer GmbH, 1983).

ESSER, Josef, *Vorverständnis und Methodenwahl in der Rechtsfindung. Rationalitätsgrundlagen richterlicher Entscheidungspraxis*, 2.ª ed., Frankfurt, 1972 (1.ª ed. de 1970).

FERREIRA, Manuel Cavaleiro de, *Curso de Processo Penal*, vols. I e II, Lisboa, Editora Danúbio, 1986.

FERREIRA, Marques, "Meios de Prova", *in Jornadas de Direito Processual Penal – O Novo Código de Processo Penal*, Coimbra, Almedina, 1995 (publicado originalmente em 1988), pp. 219-270.

FOUCAULT, Michel, *Vigiar e Punir – Nascimento da Prisão*, Petrópolis, Editora Vozes, 1977 (trad. de Ligia M. Pondé Vassalo, de *Surveiller et Punir*, Paris, Éditions Gallimard, 1975).

— (Organização, com OUTROS, e apresentação de MICHEL FOUCAULT), *Eu, Pierre Rivière, que Degolei a minha Mãe, a minha Irmã e o meu Irmão ... (Um Caso de Parricídio no Século XIX)*, Lisboa, Terramar, 1997 (trad. de Maria Filomena Duarte, de *Moi, Pierre Rivière, ayant égorgé ma Mère, ma Soeur et mon Frère ... (Un Cas de Parricide au XIXème Siècle)*, Paris, Éditions Gallimard, 1973).

GADAMER, Hans-Georg, *Wahrheit und Methode. Grundzüge einer philosophischer Hermeneutik*, 4.ª ed., Tübingen, JCB. Mohr (Paul Siebeck), 1975.

GASPAR, Henrique da Silva, *O Processo Equitativo no Pacto Internacional dos Direitos Civis e Políticos e o Processo Penal de Macau*, comunicação apresentada, em janeiro de 1997, em Macau, nas Jornadas do Novo Código de Processo Penal, cedido pela Professora Teresa Pizarro Beleza.

GERSÃO, Eliana, "Cidadania e Tribunais", *Revista do Ministério Público*, ano 16.º, julho--setembro, 1995, n.º 63, pp. 121-129.

Gonçalves, Manuel Lopes Maia, "Meios de Prova", *in Jornadas de Direito Processual Penal – O Novo Código de Processo Penal*, Coimbra, Almedina, 1995 (publicado originalmente em 1988), pp. 191-218.

— *Código de Processo Penal – Anotado*, 7.ª ed. (rev. e atual.), Coimbra, Almedina, 1996.

Gramatica, Filippo, "Nuove Visioni del Processo Penale (Il Processo in 'Due Fasi')", *in Studi in Onore di Biagio Petrocelli*, tomo II, Milão, Dott. A. Giuffrè Editore, 1972, pp. 867-875.

Hart, Herbert L. A., *O Conceito de Direito*, Lisboa, Fundação Calouste Gulbenkian, s.d. (trad. de Armindo Ribeiro Mendes, de *The Concept of Law*, Oxford, Oxford University Press, 1961).

Heidegger, Martin, *Ser e Tempo*, 4.ª ed., Petrópolis, Editora Vozes, 1993 (parte I) e 1996 (parte II) (trad. de Márcia de Sá Cavalcante, de *Sein und Seit*, 16.ª ed., Tübingen, Max Niemeyer Verlag, 1986; publicado pela primeira no *Jahrbuch für Philosophie und phanomenologische Forschung*, vol. VIII (1927), pp. 1-438).

Kaufmann, Arthur, *Analogie und "Natur der Sache". Zugleich ein Beitrag zur Lehre vom Typus*, 2.ª ed., Heidelberg, Decker & Müller, 1982.

— *Rechtsphilosophie im Wandel: Stationen eines Weges*, 2.ª ed, Colónia, Heymanns, 1984.

Lamego, José, "Razão e Argumentação (A Decisão Racional no Direito e na Política. Parte A. A Fundamentação Racional das Normas)", *Revista Jurídica*, n.º 4 (março-maio, 1984), pp. 87-151.

— "Hermenêutica e Jusriprudência (O Alcance da Recepção da Hermenêutica Filosófica para uma Concepção da 'Jurisprudência de Valoração')", *Revista Jurídica*, n.º 6 (abril-junho, 1986), Nova Série, pp. 61-83.

— "Fundamentação 'Material' e Justiça da Decisão (A Meta de Decisões 'Materialmente Justas' e os seus Limites)", *Revista Jurídica*, n.º 8 (outubro-dezembro, 1986), Nova Série, pp. 69-93.

— *Hermenêutica e Jurisprudência (Análise de uma "Recepção")*, Lisboa, Editorial Fragmentos, s.d.

Larenz, Karl, *Metodologia da Ciência do Direito*, 2.ª ed., Lisboa, Fundação Calouste Gulbenkian, s.d. (trad. de José Lamego, de *Methodenlehre der Rechtswissenschaft*, 5.ª ed. (rev.), 1983, Berlin-Heidelberg, Springer-Verlag).

Lúcio, A. Laborinho, "Sujeitos do Processo Penal", *in Jornadas de Direito Processual Penal – O Novo Código de Processo Penal*, Coimbra, Almedina, 1995 (publicado originalmente em 1988), pp. 35-57.

— "Subjectividade e Motivação no Novo Processo Penal Português", *Revista Portuguesa de Ciência Criminal*, ano I, n.º 2 (abril-junho, 1991), pp. 205-220.

LUHMANN, Niklas, *Social Systems*, California, Stanford, 1995 (trad. de John Bednarz, Jr. e Dirk Baecker, de *Soziale Systeme: Grundriß einer allgemeinen Theorie*, 1984, Frankfurt, Suhrkamp Verlag).

MACHADO, J. Baptista, *Introdução ao Direito e ao Discurso Legitimador*, 9.ª reimp. da ed. de 1992, Coimbra, Almedina, 1996.

MACHADO, Miguel Nuno Pedrosa, "O Princípio *In Dubio Pro Reo* e o Novo Código de Processo Penal", *Revista da Ordem dos Advogados*, ano 49 (setembro, 1989), pp. 583-611.

MARTINS, José Pedro Fazenda, "Subsídios para o Problema do Valor Probatório do Auto de Notícia e da sua Constitucionalidade", *Revista Jurídica*, n.º 3 (janeiro--fevereiro, 1984), pp. 21-29.

MENDES, João de Castro, *Direito Processual Civil*, vol. II (rev. e atual.), Lisboa, AAFDL Editora, 1987.

MÉNDEZ, Francisco Ramos, *Derecho y Proceso*, Bibloteca Processal, vol. 7, Barcelona, Librería Bosch, 1979.

MIRANDA, Jorge, *As Constituições Portuguesas (De 1822 ao Texto Actual da Constituição)*, 2.ª ed., Lisboa, Livraria Petrony, 1984.

MONTEIRO, Cristina Líbano, "Perigosidade de Inimputáveis e *In Dubio pro Reo*", *Boletim da Faculdade de Direito da Universidade de Coimbra – Stvdia Ivridica 24*, Coimbra, Coimbra Editora, 1997.

MOURA, José Souto de, "A Questão da Presunção de Inocência do Arguido", *Revista do Ministério Público*, ano 11.º, n.º 42, pp. 31-47.

MOUTINHO, José Lobo, *Direito Processual Penal (Textos de Apoio às Aulas Práticas)*, Lisboa, AAFDL Editora, 1989.

NEVES, António Castanheira, *Questão-de-Facto – Questão-de-Direito ou o Problema Metodológico da Juridicidade (Ensaio de uma Reposição Crítica) – I, A Crise*, Coimbra, Almedina, 1967.

— *Sumários de Processo Criminal (1967-1968)*, edição policopiada, 1968.

— "Metodologia Jurídica (Problemas Fundamentais)", *Boletim da Faculdade de Direito da Universidade de Coimbra – Stvdia Ivridica 1*, Coimbra, Coimbra Editora, 1993.

— "Interpretação Jurídica", *in Polis – Enciclopédia Verbo da Sociedade e do Estado*, vol. 3, Lisboa/S. Paulo, Verbo, s.d., pp. 651-707.

OLIVEIRA, Odete Maria de, "As Medidas de Coacção no Novo Código de Processo Penal", *in Jornadas de Direito Processual Penal – O Novo Código de Processo Penal*, Coimbra, Almedina, 1995 (publicado originalmente em 1988), pp. 165-190.

PALMA, Maria Fernanda, "A Constitucionalidade do Artigo 342.º do Código de Processo Penal (O Direito ao Silêncio do Arguido)", *Revista do Ministério Público*, ano 15.º (outubro-dezembro, 1994), pp. 101-110.

PIMENTA, José da Costa, *Código de Processo Penal – Anotado*, 2.ª ed., Lisboa, Rei dos Livros, s.d.

PINHEIRO, Rui/MAURÍCIO, Artur, *A Constituição e o Processo Penal*, 2.ª ed. (rev. e atual.), Lisboa, Rei dos Livros, s.d.

RODRIGUES, José Narciso da Cunha, "Sobre o Princípio da Igualdade de Armas", *Revista Portuguesa de Ciência Criminal*, ano I, fasc. 1 (janeiro-março, 1991), pp. 77 e ss.

ROXIN, Claus, *Strafprozessrecht*, 11.ª ed., Munchen, C.H. Beck, 1986.

— *Strafverfahrensrecht*, 23.ª ed., Munchen, C.H. Beck, 1993.

S/A, "Código de Processo Penal (projecto)", suplemento ao *Boletim do Ministério da Justiça* (1986).

SANTIAGO, Rodrigo, "Sobre o Dever de Motivação das Respostas aos Quesitos em Processo Penal" (Anotação ao Acórdão do Tribunal da Relação de Coimbra de 15.12.1982), *Revista da Ordem dos Advogados*, ano 43, vol. II (maio-setembro, 1983), pp. 487-507.

— "Reflexões Sobre as 'Declarações do Arguido' como Meio de Prova no Código de Processo Penal de 1987", *Revista Portuguesa de Ciência Criminal*, ano 4, fasc. 1 (janeiro-março, 1994), pp. 27-62.

SANTOS, Boaventura de Sousa, *Um Discurso sobre as Ciências*, 8.ª ed., Porto, Edições Afrontamento, 1996 (1.ª ed. de julho de 1987).

SANTOS, Manuel Simas/PINHO, David Borges de/LEAL-HENRIQUES, Manuel, *Código de Processo Penal – Anotado*, vols. I e II, Lisboa, Rei dos Livros, 1996.

SERRA, Adriano Paes da Silva Vaz, "Provas (Direito Probatório Material)", *Boletim do Ministério da Justiça*, n.º 110 (novembro, 1961), pp. 59-256.

SILVA, Germano Marques da, *Curso de Processo Penal*, vols. I, II e III, Lisboa/São Paulo, Editorial Verbo, 1993 (vols. I e II) e 1994 (vol. III).

SOARES, Fernando Luso, *O Processo Penal como Jurisdição Voluntária (Uma Introdução Crítica ao Estudo do Processo Penal)*, Coimbra, Almedina, 1981.

SOCIÉTÉ INTERNATIONALE DE DÉFENSE SOCIALE, "Le Programme Minimum de la Société Internationale de Défense Sociale", *Revue de Science Criminelle et de Droit Pénal Comparé* (1955), pp. 807 e ss.

SOUSA, João Castro e, "Os Meios de Coacção no Novo Código de Processo Penal", *in Jornadas de Direito Processual Penal – O Novo Código de Processo Penal*, Coimbra, Almedina, 1995 (publicado originalmente em 1988), pp. 147-163.

WILLIAMS, Glanville, "O Desenvolvimento da Lei Penal por Via Judicial", *in Textos de Apoio de Direito Penal*, tomo II, Lisboa, AAFDL Editora, 1983/84, pp. 63-74 (trad. de Teresa Pizarro Beleza, de *Textbook of Criminal Law*, London, Stevens and Sons, 1978, pp. 5-8).

Lisboa, janeiro-setembro de 1997

ÍNDICE